I0482795

Sé Inteligente

Evita los Riesgos de los
Consejos Convencionales de Carrera

SÉ INTELIGENTE Derechos de autor © 2013 Paula Asinof y Mina Brown.
Todos los derechos reservados.
Realizado en los Estados Unidos de Norteamérica

Todos los derechos reservados. Ninguna parte de este libro puede ser reproducida
en su totalidad o en parte sin el permiso escrito de las autoras.

Primera Edición: Mayo 2013

ISBN-13: 978-1499342574
ISBN-10: 1499342578

Dedicatoria

A nuestros padres, que nos iniciaron en la vida con muchos consejos, la mayor parte, buenos.

A nuestros amigos, que no pueden resistirse a darnos consejos bienintencionados, aunque no los pidamos ni los queramos. Apreciamos sinceramente sus ideas, escuchamos casi todas, y a menudo hacemos lo que queremos hacer de todas maneras.

A nuestros clientes, que han compartido con nosotras sus historias durante años y de quienes hemos cultivado nuestras propias historias, capturadas, en parte, en estas páginas.

A nuestros lectores, que podrían preguntarse a qué le llamamos "consejos convencionales" y cuáles estamos proponiendo en su lugar. No dudes en tomarlos con cierta reserva y hacer lo que quieras hacer de todos modos.

La seguridad en el empleo ya no existe. La fuerza impulsora
de una carrera debe provenir del individuo.
Recuerda: los puestos de trabajo son de la empresa.
Tú eres dueño de tu carrera.

Earl Nightingale

Contenido

Introducción...1

Acerca de la Planeación: Estrategias de Trabajo y Carrera................3

Sigue Tu Sueño..5

Respuesta al Gato de Cheshire..9

La Búsqueda de Empleo No Es "Justa"...13

Salir Adelante..17

¿Debería Quedarme o Irme?...21

¿Cuán Amplio Es Demasiado Amplio?...25

«Plan de Carrera»—Oxymoron?...27

El Pasto No Siempre Es Más Verde...31

¿Es Tu Negocio o Tu Pasatiempo?..35

«Todólogo» *No* Es un Título de Trabajo..39

Montañas Rusas Empresariales: ¿Nos Estamos Divirtiendo?............41

En Órbita y Reingreso al Mercado Laboral.....................................45

Evaluación versus Verdad...53

La Despedida Es Una Pena Tan Dulce... ¿Lo Es?.............................57

Renuncias: Más Que Legal..61

Acerca del Mercadeo: Currículos y Material Asociado..................63

Conceptos Erróneos Acerca de los Currículos.................................65

Diseño de Currículo como Comunicación de Mercadeo.....................71

Empieza Pensando en la Audiencia..77

Los Currículos Funcionales Basados en Habilidades Son Obsoletos...81

La Longitud Correcta de un Currículo...85

Eliminando los Primeros Años..87

Lee las Instrucciones..89

No Preguntes «¿Qué Puede Hacer Mi Empleador por Mí?».........91

La Magia de la Palabra Clave..93

La Honestidad Es la Mejor Política..97

¿Verdad o Consecuencia? Abordar las Brechas en Tu Historial Laboral............103

Acerca de Esas "Otras Cosas" al Final de Tu Currículo.............109

Las Cartas de Presentación Son como el Perejil....................113

Con o sin Foto, Esa Es la Cuestión......................................119

¿Qué Tienen de Malo los Currículos de los Recién Graduados?.....125

Mucho Ruido y Pocas Nueces—Abuso de Clichés (o Palabras de Moda)........129

Acerca de la Visibilidad y el Acceso: Redes de Contactos........131

Creación de Redes Paso a Paso..133

Donde Está la Acción..137

Más Allá de la Plática de Elevador......................................141

La Solución Milagrosa de las Redes Sociales........................143

Más Allá del Desempeño y la Política: La Visibilidad Es Importante........149

La Falacia de los Tableros de Anuncios de Trabajo................153

Trabajo Real, Trabajo Falso..157

El Mundo Según los Reclutadores..161

¿Demasiado de Algo Bueno?..167

Acerca de las Ventas: Las Entrevistas................................171

Los Entrevistadores Saben lo Que Hacen—¿O No?................173

Desmitificación de las Entrevistas Conductuales..................177

Los Entrevistadores No Tienen «La Lista»............................181

Los Tres Osos: Demasiado Largo, Demasiado Corto, Adecuado.....183

Las Buenas Entrevistas Son Más que Ejercicios de Preguntas y Respuestas........185

Tu «Talón de Aquiles» en las Entrevistas: Todos lo Tienen.......187

Finales Felices..191

Terminemos con la Confusión Sobre las Preguntas Ilegales.........................199

No Todos los Consejos Son Buenos.........................203

Una Entrevista No Es un Trabajo de Consultoría.........................207

Las Referencias Son Activos—No las Dilapides.........................211

Acerca del Dinero: Oferta, Negociación y Compensación.........................215

♫ Dinero, Dinero, Dinero, Dinero … DINERO! ♫.........................217

El Papel del Reclutador en las Negociaciones.........................225

Maneras Tontas de Gastar Tu Dinero.........................229

Conclusión.........................233

Acerca de las Autoras.........................237

Sé Listo.........................241

Comentarios Elogiosos Sobre Sé Listo….........................243

Introducción

Seas un ejecutivo, experto profesional o reciente graduado, tomar decisiones correctas de carrera viene con todo tipo de preocupaciones, problemas, desafíos y tesoros enterrados. Hay tanto en juego en tus decisiones a lo largo del camino, que es natural buscar consejo de otras personas.

Pero ¿qué es exactamente «consejo»? Esto es lo que dicen las fuentes autorizadas:

> **consejo** *sustantivo* \d-'vīs\: recomendación con respecto a una decisión o un curso de acción *(Merriam-Webster);* orientación o recomendaciones sobre una acción futura prudente, típicamente dados por alguien considerado como experto o una autoridad *(Oxford Dictionaries)*

Como asesoras de carrera profesionales y consultoras durante muchos años, con frecuencia trabajamos con clientes que han recibido consejos bien intencionados de su familia, colegas y amigos sobre toda la gama de cuestiones relativas a la carrera o a buscar trabajo. Algunos de estos consejos provienen de "profesionales" que se espera que tengan un alto nivel de experiencia y conocimiento. Y, más aún, vienen de cualquiera que tenga una opinión sobre este tema. Y, ¡por Dios!, los consejos llegan de todas partes. ¿A quién tenemos que creerle?

El humorista estadounidense del siglo XIX, Josh Billings, dijo, «un consejo es como besar: no cuesta nada y es agradable darlo.» Dar consejos es irresistible para la mayoría de la gente, aunque no sepan realmente de lo que están hablando. Sin embargo, lo que da miedo es que a veces puede ser difícil distinguir un buen consejo de uno malo. Es todavía más difícil reconocer los consejos bien intencionados pero malos cuando vienen de profesionales que cuentan con la confianza de sus clientes, los cuales esperan de ellos sabios consejos.

El mundo de la gestión de carrera y búsqueda de trabajo ha evolucionado radicalmente en los últimos diez años. La explosión de los medios de comunicación social y la visibilidad de Internet, junto con los problemas económicos de los últimos años han cambiado casi todo. En 1997, Daniel Pink, exitoso autor de cuatro libros sobre cómo está cambiando el mundo del trabajo, describe el mundo del trabajo que vivimos como la «Nación del Agente Libre,» un mundo en el que los trabajadores no están ligados a las organizaciones en las formas tradicionales. Este tipo de ambiente ha tenido un impacto más profundo en las conductas y expectativas de los empleados del que probablemente imaginó en ese momento.

Lo que esperamos lograr con este libro es cuestionar suposiciones, promover polémica y agitar los árboles de la "sabiduría" convencional. No pretendemos necesariamente "tener razón", pero hemos trabajado con miles de clientes, empleados, personas que buscan trabajo, profesionales en transición de carrera—y constantemente nos sorprendemos y perturbamos por las historias que nos cuentan. Pero sí tenemos algunos enfoques e ideas relativamente nuevos sobre lo que funciona en el clima actual del empleo.

Hemos recopilado nuestro "nuevo pensamiento" sobre temas pertinentes a la carrera en cinco áreas principales, para que pienses en ellas:

- ▶ Acerca de la Planeación: Estrategias de Trabajo y Carrera
- ▶ Acerca del Mercadeo: Currículo y Material Asociado
- ▶ Acerca de la Visibilidad y el Acceso: Redes de Contactos
- ▶ Acerca de las Ventas: Las Entrevistas
- ▶ Acerca del Dinero: Oferta Negociación y Compensación

Pretendemos provocar. Nos dedicamos a ser útiles. Si puedes usar sólo un ensayo de este libro de alguna manera que te ayude a tener éxito en tu búsqueda de trabajo o carrera, habremos logrado nuestro objetivo: ayudarte a superar los riesgos de los consejos convencionales.

ACERCA DE LA PLANEACIÓN:

ESTRATEGIAS DE TRABAJO Y CARRERA

Sigue Tu Sueño

> **SABIDURÍA CONVENCIONAL:** Sigue Tu Sueño. . . Haz lo que te gusta y el dinero llegará.
>
> **NUEVO PENSAMIENTO:** Seguir tu sueño… siempre y cuando tengas en cuenta la realidad en el proceso.

El Mito

En algún momento de tu carrera, encontrarás un asesor o consultor que compartirá esta filosofía alentadora y sumamente optimista: "Sigue Tu Sueño. . . Haz lo que te gusta y el dinero llegará."

Las investigaciones muestran que la gran mayoría de las personas son infelices en sus puestos de trabajo. Es bastante probable que conozcas a muchas personas—y quizá seas una de ellas—que llegan a medio camino en su carrera y descubren que no están viviendo sus sueños. Algunas personas sin saberlo lo llaman crisis de la mediana edad. ¿Deberías abandonar todo—tu trabajo, tu título, tu industria, tu experiencia, para seguir tu pasión?

La Realidad

Somos optimistas y grandes creyentes en "hacer lo que te gusta". Puesto que la gente pasa más tiempo trabajando que en casi cualquier otra cosa, incluso dormir, sin duda nuestro trabajo nos debería dar satisfacción y alegría. Ciertamente debemos permitirnos soñar en grande y seguir nuestros sueños.

Pero si "sigue tu sueño y el dinero llegará" suena como un cuento de hadas, se debe a que lo es. Esta es la verdad. Cuanto más lejos apuntes de donde estás, lo que has estado haciendo y lo que has aprendido, más difícil resulta hacer un cambio.

Se puede hacer, tal vez, pero se necesita resistencia, determinación y un plan. Si quieres realizar un cambio realmente dramático, el tiempo es oro. Es mucho más fácil cambiar de carrera a los treinta que a los cincuenta años.

Además, tengas 30 o 50, cuanto más grande sea la brecha desde donde estás a donde quieres estar, es más complicado y riesgoso. Imagina que tu existencia actual — ubicación, título, industria, experiencia— es el epicentro de tu carrera. Digamos, por ahora, que solo quieres cambiar la ubicación. Al quedarte en tu industria, función, y nivel profesional es relativamente fácil cambiarte a una ciudad diferente. Piensa ahora en cambiar de industria y de ubicación. Así agregaste un segundo grado de complejidad y riesgo a la ecuación. Ahora piensa en agregar un título o posición más elevados (o salario más alto) a esta combinación. Comprenderás que la dificultad de alcanzar estas metas simultáneas aumenta casi exponencialmente.

En resumen, cuantos más factores de cambio agregues, más difícil será lograrlo. Nosotras lo llamamos los "Siete Grados de Dificultad" del cambio de carrera. Los siete factores más comunes son:

1. Ubicación (incluyendo internacional)
2. Función

3. Industria
4. Papel (corporativo, consultor, pequeña empresa, emprendedor individual)
5. Compensación
6. Nivel Profesional o de Gerencia
7. Tamaño de la empresa

Paso a Paso

Al crear un plan de carrera que incluya grandes cambios como estos, recomendamos que te concentres en uno o dos factores a la vez. Puede tomar más tiempo atravesar todas las etapas, pero tus posibilidades de éxito mejoran dramáticamente. El cambio de trabajo más fácil de hacer es hacer exactamente lo que estás haciendo ahora, pero en un entorno diferente, uno que con suerte te acercará más al trabajo de tus sueños. Por ejemplo, si estás en contabilidad y quieres llegar a ser gerente de un hotel, el primer paso podría ser conseguir un trabajo de contabilidad en una importante cadena hotelera.

Sin embargo, tenemos otra sugerencia. A menudo los clientes nos dicen, "quiero hacer cualquier cosa menos lo que estoy haciendo ahora." Entendemos que la frustración o la insatisfacción puedan hacerte sentir así. Sin embargo, simplemente hacer cualquier otra cosa no necesariamente te llevará a un lugar mejor. ¿Qué empleador te contrataría para "hacer cualquier cosa"?

Avanzar en tu carrera es poner un pie delante de otro razonablemente, pero sin perder de vista jamás tu trabajo soñado.

Respuesta al Gato de Cheshire

SABIDURÍA CONVENCIONAL: Las personas exitosas fijan su objetivo de carrera temprano en la vida y se dirigen directamente a él. Mantienen el rumbo y no se desvían.

NUEVO PENSAMIENTO: Tu objetivo de carrera puede cambiar con el tiempo y la experiencia. El viaje podría afectar tu meta original.

[Alicia al Gato] "¿Podrías decirme, por favor, qué camino tomar desde aquí?"
"Mucho depende de a dónde quieras ir," dijo el Gato.
"No me importa demasiado dónde"—dijo Alicia.
«Entonces no importa dónde vayas,» dijo el Gato.
«—siempre y cuando llegue a ALGUNA PARTE,» añadió Alicia como explicación.
«Oh, seguro que lo harás,» dijo el Gato, «si caminas lo suficiente.»

De Alicia en el País de las Maravillas

Según nuestra experiencia, el camino para alcanzar las metas profesionales no siempre es directo. A veces, el objetivo final se adapta a lo que sucede en el camino.

Piensa en este ejemplo: Una amiga quería ser neurocirujana cuando estaba en la secundaria. En la universidad se inscribió en el programa de biología pre médico y se dio cuenta de que la neurocirugía no iba a ser lo mejor para ella. Entonces casualmente se cambió al programa de Ciencias Forenses y el jefe del departamento se convirtió en su mentor. Durante su último año, otro amigo le envió una solicitud para una pasantía en el laboratorio de enfermedades infecciosas del Departamento de Salud de una gran ciudad, ella la presentó y obtuvo la pasantía. Ahora dirige el laboratorio y ha estado felizmente empleada allí durante varios años. Resulta que le encanta este tipo de trabajo. ¿Se habría dado cuenta de eso si se hubiera empecinado y negado a desviarse de su objetivo inicial de ser neurocirujana? Probablemente no.

Deja que Tu Destino Evolucione

Pocos de nosotros tenemos currículos "perfectos"—los trabajos correctos, en las empresas adecuadas, en la progresión apropiada, con el tiempo perfecto entre promociones. Más a menudo, hemos tomado algunos desvíos, sorteado algunos obstáculos y a veces incluso hemos estado perdidos temporalmente. En retrospectiva, a menudo reconocemos que nuestros éxitos se pueden atribuir a estos eventos inesperados. La mayoría de la gente exitosa que conocemos ha tenido carreras con muchos zigzags. Por supuesto, junto con esto vienen los remordimientos. Es completamente normal reflexionar sobre la progresión de tu carrera y decir, *"Si tan solo hubiera sido más inteligente, listo, o hubiera tomado diferentes decisiones, sería más rico, más famoso e incluso más feliz."* Pero déjanos decirte, después de haber trabajado con un montón de gente exitosa, que no seas demasiado duro contigo mismo cuando te desvías de tus objetivos. A veces, esa misma desviación es esencial para tu éxito.

A medida que evolucionas en tu carrera o haces crecer tu negocio, ten en cuenta que lo que prevalece es la evolución constante. La búsqueda de recursos, escuchar consejos, investigar información—y todos los inevitables, lentos, y a veces costosos "desvíos"—te llevarán al siguiente paso y al siguiente. Permite que los zigzags moldeen un futuro exitoso.

La Búsqueda de Empleo No Es "Justa"

SABIDURÍA CONVENCIONAL: Las solicitudes, entrevistas y ser contratado para un empleo es un proceso lógico y justo.

NUEVO PENSAMIENTO: Tienes que tener una mentalidad de «jugador.» Encontrar un empleo es como jugar ajedrez. Tiene que ver con movidas y estrategias.

Conocemos a un gerente que estaba a cargo de un importante departamento que se estaba mudando de Chicago a una nueva instalación en Dallas. La mudanza llevaba tanto tiempo que el gerente no había podido encarar la contratación de su nuevo analista financiero.

Todas las noches se llevaba los currículos a su casa, planeando verlos antes del día siguiente. Por supuesto, eso jamás sucedió. Esto siguió durante un mes—tal vez más, hasta que este gerente se enteró de que uno de los proveedores más importantes de la organización estaba a punto de cortarle la línea de crédito a la empresa por falta de pago. La situación tenía que resolverse, y debía resolverse *inmediatamente*. El gerente destrozó los currículos ahora obsoletos y le pidió un nuevo lote a Recursos Humanos.

Recibió más de veinte, y empezó por el tope de la pila. Después de ver tres o cuatro, encontró uno que podía ser un buen candidato. Programó una entrevista con el candidato para las 9 de la mañana siguiente, y 48 horas después, el nuevo analista financiero estaba contratado.

¿El nuevo analista hizo un buen trabajo? De hecho, sí. Pero, ¿era el mejor para el puesto? Quién sabe. Es muy posible que ni siquiera fuese el mejor candidato en la pila. Su currículo simplemente estaba en el lugar correcto, en el momento adecuado.

Esta es otra historia real. Una gran empresa minorista nacional necesitaba sustituir a un Gerente Regional que acababan de despedir. El gerente que había que remplazar era una mujer. Para reducir el riesgo de una demanda, la empresa decidió sustituir a la mujer con otra mujer. Entonces, llamaron a la empresa selectora para decirles cuál era el objetivo. Para mantener una "percepción" de justicia, se le entregó a la empresa "una selección completamente diversificada" de seis candidatos. La mitad eran mujeres. Una pertenecía a una minoría.

La empresa entrevistó a todos. Pero el punto es que los hombres —independientemente de sus calificaciones o de cómo les hubiera ido en la entrevista — probablemente no tenían posibilidades de ser contratados puesto que la empresa quería contratar a una mujer para mitigar el riesgo. ¿Obtuvo el puesto el mejor candidato? Es imposible decirlo, porque no era el objetivo de la búsqueda.

Tenemos cientos de estas historias.

Tres Puntos para Recordar

¿Qué te dicen estas historias sobre el proceso de la búsqueda de trabajo?

1. La búsqueda de empleo no es justa.
2. Te pasarán por alto por razones que no son lógicas y que incluso podrían ser irracionales o sesgadas.
3. La búsqueda de empleo no es justa.

¿Entiendes nuestra seriedad cuando decimos que "la búsqueda de trabajo no es justa"?

¿Qué puedes hacer al respecto? Aceptar que la búsqueda de empleo y el proceso de entrevistas, tal como es, es irregular. Dejar de buscarle la lógica y cree esta verdad: "es lo que es". Y no creas ningún consejo que asuma que estás jugando en igualdad de condiciones, como:

- Si tienes un excelente currículo, obtendrás entrevistas.
- Si escribes una carta de presentación atractiva, llamarás la atención del gerente contratante.
- Si tu currículo contiene las palabras clave adecuadas, será elegido por el departamento de Recursos Humanos.
- Si conoces a la gente adecuada, te contratarán.
- Si manejas bien las entrevistas, obtendrás el trabajo.

La búsqueda de empleo no es un juego con reglas—es un baile. El trabajo de un reclutador es encontrar a alguien para contratar, contratarlo rápidamente y no meterse en problemas con la empresa o el gobierno cuando lo hace. El trabajo de un reclutador no es contratarte a ti.

Redes de Contactos: La Mejor Jugada en la Danza de la Búsqueda de Trabajo

Sea interna o externa, *al menos 70% de todas las búsquedas de trabajo exitosas implican crear redes de contactos*. Si tu estrategia de búsqueda de trabajo es enviar tu currículo y esperar que suene el teléfono o trabajar duro y esperar que tu jefe lo note y te promueva, podrías esperar mucho tiempo.

Tanto las búsquedas externas de trabajo, la visibilidad en el mercado y la conexión con otras personas son importantes. Estas son algunas actividades que deberías considerar:

- Asistir a reuniones de la asociación de la industria
- Crear un perfil de calidad en LinkedIn

▶ Mantenerte conectado con tus redes personales

▶ Pon de relieve tu credibilidad mediante presentaciones, artículos y libros y aportando tus conocimientos a los de tu industria de manera significativa.

▶ Investiga la cadena de suministro para tu industria y determina con quién deberías conectarte estratégicamente, que podría facilitarte más conexiones para tu búsqueda de trabajo

En las búsquedas internas es importante la autopromoción.

▶ Date cuenta de que el trabajo duro no se traduce necesariamente en una promoción

▶ En vez de esperar que te promuevan, véndete

▶ Comprende la cultura y la política de tu organización y aprende a desenvolverte en ella.

▶ Busca mentores y patrocinadores

▶ Pide consejos a los que han tenido éxito en la empresa

La búsqueda de empleo es difícil. Puede ser desalentadora y frustrante. Y por supuesto, no es justa. La búsqueda de empleo y el proceso de entrevistas es irregular, descabellada y no es científica. Es un expediente.

Así que olvídate de la justicia y aprende a desenvolverte en el mundo tal como es. Sé oportunista, sé inteligente y participa en el proceso proactivamente. Sólo entonces mantendrás el buen ánimo y tendrás una buena oportunidad de ganar.

Salir Adelante

SABIDURÍA CONVENCIONAL: Si estás estancado en tu búsqueda de empleo, es hora de hacer un nuevo currículo.

NUEVO PENSAMIENTO: Si tu búsqueda de trabajo está estancada, probablemente tu estrategia no está funcionando. (¿Tienes una estrategia?) Y deberías estar haciendo mucho más que solicitar trabajos en Internet y mandar currículos.

Una cliente reciente se quejó de que había aplicado a 57 puestos de trabajo en línea y enviado 103 currículos hasta ahora sin resultados. En la mayoría de los casos, no recibió respuesta—ni siquiera un simple "Gracias por postularse" o "hemos recibido su CV". Nada—a menos que tengas en cuenta las cartas de reclutamiento con oportunidades para vender seguros o de ventas multinivel que recibió. Su currículo no era el problema. Era excelente.

¿Te resulta familiar?

Si has estado buscando empleo, te puede haber pasado lo mismo. Tienes las habilidades y la experiencia para los puestos de trabajo que estás solicitando. Estás circulando. Tu currículo es espectacular, y sin embargo no estás obteniendo los contactos ni las entrevistas que quieres y mereces. ¿Qué podría andar mal?

Tres Obstáculos que Dificultan tu Éxito

Según nuestras experiencias, los buscadores de trabajo "estancados" en realidad están haciendo un esfuerzo e invirtiendo tiempo y energía. Si tu búsqueda de trabajo no llega a ninguna parte rápido, tienes que investigar más profundamente lo que está impidiendo tu éxito. Lo que descubrimos invariablemente tiene que ver con tres cosas:

1. La falta de un enfoque claro
2. Estrategia inadecuada (o inexistente)
3. Miedo

Obstáculo 1: Falta de Enfoque

Puede parecer ilógico, pero crear una amplia red o ampliar tu objetivo casi nunca funciona. Un objetivo bien definido y concentrado es mucho más efectivo para abrir las puertas correctas y conseguir los contactos que podrían producir una oferta de trabajo. Para mejorar tu enfoque y concentrarte en tus metas, pregúntate lo siguiente: Tal vez necesites hacer un poco más de introspección o estudios de mercado para obtener buenas respuestas.

- ¿Tienes una idea clara de cuál es tu trabajo perfecto?
- ¿Cómo describes a otros tu trabajo perfecto?
- ¿Cuán bien puedes expresar los atributos únicos que te hacen un gran candidato para tu trabajo perfecto?
- ¿Has identificado bien tu mercado objetivo?
- ¿Qué empresas específicas en tu zona geográfica objetivo contratan gente para hacer lo que quieres hacer?
- ¿Cómo superarás a tu competencia?

Obstáculo 2: Estrategia Inadecuada

Tal vez tu currículo sí necesite mejorar, pero lo más probable es que no tengas una estrategia integral y eficaz de búsqueda de trabajo. Parece tan lógico sentarse frente a una computadora y analizar la multitud de tableros de trabajo de Internet como Indeed.com, Monster.com o The Ladders. La verdad es que aunque este enfoque parezca más fácil 1) se necesita una enorme cantidad de tiempo para publicar tu información, encontrar los trabajos correspondientes y llenar las solicitudes, que son generalmente muy detalladas y específicas para cada trabajo, y 2) no funciona. Algunos consiguen empleos directamente a través de anuncios en Internet, pero no muchos. Y casi todos se decepcionan y desilusionan por el proceso.

La piedra angular de una buena estrategia de búsqueda de trabajo son las redes de contactos. Probablemente lo has escuchado un millón de veces. Incluso puedes estar harto de escucharlo. ¿Pero realmente has *escuchado*?

En nuestra opinión, las redes son tan importantes para el progreso en la carrera y la búsqueda de trabajo que les hemos dedicado una sección completa en este libro. Demasiados han vivido en el capullo de su trabajo, agachando la cabeza y concentrándose en hacer un buen trabajo, con la suposición errónea de que si hacen un buen trabajo, éste será seguro y harán una carrera exitosa. Eso ya no es cierto. Y al no desarrollar buenos músculos en mantener sus redes de contactos y una robusta base de datos, estos empleados dedicados, bien intencionados pueden encontrarse vagando en el desierto de la búsqueda de trabajo.

Obstáculo 3: Miedo

Si estás leyendo esto y diciendo, "pero yo *tengo* un enfoque bien definido y una sólida estrategia de búsqueda de trabajo, y todavía no tengo los contactos que quiero y merezco," no estás solo. Muchos buscadores de empleo están haciendo las cosas bien, pero igual están estancados.

Si te está pasando esto —si tu estrategia y concentración son impecables pero igual no estás llegando a ninguna parte— algo más está sucediendo. ¿Qué te está frenando *realmente*?

La respuesta omnipresente es "miedo". Miedo a los extraños, miedo de avergonzarte, miedo al fracaso, miedo al rechazo y así sucesivamente. Estas emociones poderosas y debilitantes pueden refrenar a las personas más competentes y fervientes.

Aunque suene trillado, el mejor consejo que podemos darte es que enfrentes tu miedo. El miedo puede estar disfrazado de dilación, interminable navegación por los tableros de trabajo y postergación del papeleo. Si estás estancado en tu búsqueda de trabajo, pregúntate de qué tienes miedo. Y luego piensa cuál sería el peor resultado posible si ocurriera eso a lo que le tienes miedo. La mayoría de las veces puedes vivir con ese resultado, y a menudo no es tan malo. Si todavía estás estancado y necesitas una perspectiva externa objetiva, un entrenador profesional puede ayudarte a identificar los problemas principales y a enfrentar el temor que te impide tener éxito.

¿Debería Quedarme o Irme?

Sabiduría Convencional: Si no estás contento con tu trabajo, vete a otra empresa.

Nuevo Pensamiento: Si no estás contento con tu trabajo, primero quédate y modifícalo si puedes.

En el actual mundo del empleo de «Agente Libre», es popular suponer que si no estás progresando o no eres recompensado como crees que debes, tendrás más éxito en una empresa diferente. Sin duda, hay más herramientas disponibles hoy para ayudar en la búsqueda de trabajo que nunca antes. Además, algunos piensan que estar en una empresa «demasiado tiempo» tiene sus desventajas.

¿Deberías Quedarte?

Quedarte con tu actual empresa tiene importantes beneficios, si es una posibilidad razonable.

1. Ya tienes una red de contactos.
2. Entiendes a la empresa, sus productos y su cultura.
3. Has obtenido beneficios, y a veces éstos pueden valer mucho dinero.
4. Tienes una reputación y credibilidad establecidas (si no, esa puede ser una buena razón para irte.)
5. Comprendes los sistemas y los procesos.
6. Has resuelto tu logística personal y arreglos de estilo de vida.
7. Puedes tener antigüedad y eso cuenta.

Si estos factores valen la pena para ti, entonces deberías buscar opciones internamente antes de desligarte de tu empresa actual. Si no eres feliz donde estás, o si sientes que no se te reconoce plenamente, te sugerimos que primero te analices.

¿Hay problemas de actitud o rendimiento que podrían estar frenándote? Si es así, haz algo al respecto. En segundo lugar, piensa si encajarías mejor en otro departamento o trabajo. Encontrar estas oportunidades y lograr que se abran las puertas puede requerir requieren la ayuda de tu red interna y en particular de un "patrocinador" o mentor.

¿O Deberías Irte?

Sin duda podría haber buenas razones para dejar tu empresa actual. Si te involucraste en una situación mala, irrecuperable, comenzar de nuevo en otro lugar puede ser tu mejor opción. En una empresa diferente puedes reconstruir tu reputación empezando de cero. Otra razón para irte es que no te sientas identificado con la cultura de empresa. Además, aun cuando tengas un buen trabajo, la empresa puede estar en dificultades financieras o tienes alguna preocupación ética. (Por cierto, no hables de ninguno de estos temas en tus entrevistas.) Por último, tu empresa podría estar en una industria en declive, y es el momento justo para irte antes de que todas las demás ratas huyan del barco que se está hundiendo.

Situaciones de la Vida Real

La historia de Enrique: *Un Director de ventas altamente cualificado, había asumido la responsabilidad de la reingeniería del proceso de ventas externo y la instalación de sofisticadas herramientas de ventas. Dos años después, con la parte difícil ya hecha, el departamento estaba en modo de mantenimiento y conservación. Enrique estaba listo para un nuevo desafío, pero no había posiciones abiertas de Director. Además, no era un buen socializador. Agachaba la cabeza y se concentraba en hacer un buen trabajo. (¿¡Cuántas veces escuchamos eso?!) Su primera idea era encontrar un puesto de Director de ventas en otra compañía. Actualizó su currículo, mejoró su red y aclaró lo que quería y lo que tenía para ofrecer. También mejoró su red interna para ver qué otras opciones podrían estar disponibles. Avance rápido… En parte debido a que su visibilidad mejoró considerablemente dentro de la empresa, cuando se abrió una vacante en un área relacionada poco tiempo después, le ofrecieron un mejor trabajo, en un departamento más grande y una promoción. Nada de esto habría sido posible en un plazo razonable si hubiera dejado la empresa.*

La historia de Sara: *Una ejecutiva con 20 años de experiencia y una gran trayectoria había sido trasladada a una función internacional reportando a un jefe que no tenía antecedentes en su área de especialización. Aunque siguió obteniendo una fuerte retroalimentación positiva y cumplió cada etapa, reconoció que su jefe no iba a ser su "patrocinador" y no abogaría por su promoción al siguiente nivel ejecutivo. Aunque ella podría retirarse con beneficios completos en nueve años, estaba lista para asumir más responsabilidad y quería continuar su carrera y crecimiento profesional. Con su permanencia en la empresa, perdería una cantidad significativa de dinero si se iba, pero bajo la estructura organizativa actual, probablemente estaba en un trabajo sin futuro. Finalmente concluyó que su primer curso de acción sería buscar agresivamente un movimiento lateral en su área de especialización. Luego, con un par de años en una función más acorde y con colegas que la recomendarían, evaluaría sus opciones de progreso. Si para ese entonces era improbable una promoción, buscaría una posición fuera de la empresa y negociaría en la transición para recuperar sus ingresos perdidos. Decidió que si en dos años no conseguía otro trabajo o una promoción, sinceramente se conformaría con hacer un excelente trabajo donde estaba hasta que llegara el momento de retirarse.*

Tus Cuatro Opciones

En última instancia, si no estás satisfecho con tu trabajo, tienes estas opciones:

1. Hacer algunos ajustes en tu empleo actual para ganar el reconocimiento y recompensas que quieres.
2. Buscar otras oportunidades más adecuadas para ti en la misma empresa.
3. Buscar una posición apropiada fuera de la empresa, o
4. Reconciliarte con tu situación actual (es de esperar que con una buena actitud).

Creemos que este es el orden correcto de prioridades para el éxito a largo plazo.

¿Cuán Amplio Es Demasiado Amplio?

SABIDURÍA CONVENCIONAL: Cuanto más amplia sea tu definición del trabajo que quieres, más oportunidades tendrás de conseguir un trabajo.

NUEVO PENSAMIENTO: Si tu definición es demasiado amplia, realmente no eres un candidato atractivo para nada, para nadie.

Con demasiada frecuencia, ante la pregunta, "¿Qué tipo de trabajo estás buscando?" la gente dice, "Tengo muchos conocimientos y experiencia. Puedo hacer varias cosas." El razonamiento es que es mejor ser flexible y abierto antes que perder una oportunidad. Sin embargo, creemos que si no eres más preciso sobre el tipo de trabajo que quieres, puede que no consigas ninguno. Por ejemplo, cuando la gente dice cosas como, "Estoy buscando un trabajo donde pueda resolver problemas y usar mis excelentes habilidades de comunicación", o quieren abarcar todo, sus amigos y asociados no sabrán cómo ayudarlos.

¿Qué afirmación es más útil cuando estás trabajando con tus redes?
- **A.** Estoy buscando una posición desafiante que me permita usar mis habilidades y amplia experiencia.
- **B.** Estoy buscando una posición de gestión de recursos humanos, donde mis habilidades de reclutamiento y formación puedan beneficiar rápidamente la creciente demanda de talento de una empresa.

Muchos creen que la opción "A" es la más segura. Los buscadores de empleo a menudo están tan preocupados por perder oportunidades de trabajo que hacen descripciones genéricas que podrían adecuarse a cualquier posición. Son reacios a referirse a una determinada industria y se preocupan pensando que definir su objetivo para un trabajo específico o función les hará perder otras oportunidades.

Equilibrio Es el Nombre del Juego

Probablemente no quieres restringir tus prospectos siendo demasiado específico—decir exactamente lo que quieres hacer, incluso los títulos del trabajo y nombre de la empresa—pero también quieres evitar ser tan vago que el Gerente de reclutamiento o contratación no tenga ni idea de qué trabajo estás solicitando. Tu objetivo debe ser lograr un equilibrio entre las dos opciones. Si no estás seguro de lo preciso que debes ser, nosotras vemos que más gente se inclina a ser más amplia que precisa.

¿Cómo logras un buen equilibrio?

Primero, te sugerimos que veas los trabajos que se publican en Internet. Trata de encontrar empleos que coincidan exactamente con lo que estás buscando, sin importar dónde estén ubicados. Las descripciones de estas posiciones te dan la idea de qué tipo de experiencia, educación y características personales están buscando los empleadores. Trabajando a partir de estos anuncios de "muestra", puedes desarrollar tu currículo, perfil en línea e introducción para tus redes según los ingredientes clave.

Sé lo más preciso posible sin dejarte llevar demasiado. Un enfoque preciso es tu amigo, no tu enemigo. Es poco probable que estés buscando el trabajo de solo tres que existen en el universo. Una vez que hayas investigado y cultivado una lista objetivo de las empresas y contactos que puedes aprovechar en tus redes de contactos, puede representar sólo el 10% de la lista original. La buena noticia es que ese 10% en el que te estás concentrando será más afín con tu perfil. A la vez, tendrás mucho más éxito al generar interés, hacer presentaciones y conseguir trabajo.

Recuerda, si estás dispuesto a conformarte con cualquier trabajo, conseguirás cualquier trabajo. Y en poco tiempo estarás de nuevo en la búsqueda.

«Plan de Carrera»—Oxymoron?

> **SABIDURÍA CONVENCIONAL:** Las carreras son el resultado de una serie de puestos de trabajo.
>
> **NUEVO PENSAMIENTO:** Las carreras más exitosas provienen de la intención, la planeación y la gestión de la carrera de por vida.

¿Eres una persona que ha planeado casi todos los pasos de tu carrera? Si es así, eres una de pocas. La mayoría de la gente admitiría que no tiene—y nunca ha tenido—un plan de carrera. De hecho, la mayoría de las carreras son producto de la "casualidad", no de la planeación. Por lo tanto, "plan de carrera" en realidad es un *oxímoron*. Es triste. Pero cierto.

Oxímoron, una combinación de palabras contradictorias o incongruentes (como *dulce tristeza*); algo (como concepto) que se compone de elementos contradictorios o incongruentes.

¿Cómo ocurre esto? Para la mayoría de nosotros, comienza con una trayectoria específica de estudio (resultando en una licenciatura o calificación técnica) que se elige con frecuencia teniendo en cuenta diversos factores externos: padres, consejeros, costos, logística y más. Muchos de nosotros terminamos en áreas ajenas a nuestras verdaderas pasiones. Podemos pasar veinte años o más en trabajos insatisfactorios para descubrir a mitad de la carrera que necesitamos un cambio importante.

La mayoría de los ejecutivos admiten que sus carreras han evolucionado por el oportunismo, el trabajo duro y a veces la suerte. La verdad es que muchos ejecutivos inteligentes gestionan sus metas de negocio mucho mejor que sus carreras, dejándolos a veces desplazados o insatisfechos con sus logros. Por supuesto, en esta etapa, un cambio de carrera dramático puede ser difícil, por no mencionar caro. Y aterrador.

¿Qué se puede hacer al respecto? Dos cosas:

1. Haz un plan de carrera apenas empieces a trabajar.
2. Crea un plan de carrera ya mismo y síguelo.

Planes de Carrera

No gestionarías una empresa sin un plan de negocios, ni deberías embarcarte en una carrera o seguir por el mismo camino sin tener un plan. Las empresas exitosas tienen planes, estratégicos y tácticos. Una acción eficaz debe seguir a la creación de un plan significativo. Una perspectiva significativa y los descubrimientos sobre el negocio, de hecho, provienen del propio proceso de planeación. Un proceso de planeación de carrera puede ofrecer al mismo tipo de conocimiento y descubrimientos. Porque hay tantas opciones y trayectorias a considerar, tener un plan te permitirá concentrar tu tiempo y energía productivamente para lograr el éxito y la mayor satisfacción en tu carrera.

Crear un plan de carrera es simple pero no fácil. Deberías comenzar con el final en mente—una visión—pero ésta no siempre es obvia.

Pasos para Empezar

Primero, aclara "quién eres." Tú eres la materia prima con la que tienes que trabajar. ¿Cuáles son tus dones especiales y talentos únicos? Haz un inventario de tus habilidades y capacidades. Concéntrate en lo que eres bueno, y no pases demasiado tiempo «desarrollando» tus debilidades.

Además, comprende tus rasgos de personalidad y estilo. Hay una gran variedad de excelentes instrumentos de evaluación que puedes usar para obtener una visión útil de ti. Dos instrumentos populares que han soportado la prueba del tiempo son los Intereses de Campbell y Skills Survey (Encuesta de habilidades) que puedes encontrar en profiler.com y Motivational Appraisal for Personal Potential (Valoración Motivacional de Potencial Personal) (MAPP) en assessment.com.

Una vez que tengas una definición de quién eres, analiza lo que realmente te encanta. ¿Qué te apasiona? ¿Qué temas capturan tu imaginación y te llaman la atención habitualmente? Una vez que hayas descubierto tus verdaderas pasiones en la vida, hay muchas maneras de hacer lo que te gusta. Aquí hay algunas ideas:

▶ Hazlo
▶ Trabaja para una empresa que lo hace
▶ Brinda un servicio relacionado con eso
▶ Enséñalo
▶ Escribe sobre eso
▶ Habla sobre eso
▶ Crea un producto relacionado con eso
▶ Véndelo o negócialo
▶ Promuévelo
▶ Organízalo
▶ Ármalo, repáralo, restáuralo, o mantenlo.

Luego, crea tu visión. ¿Qué quieres estar haciendo dentro de cinco a diez años? No te obstaculices. Suspende tus dudas. Piensa en grande. Crea tu trabajo soñado. Escribe tus metas importantes. ¿Dónde estarás? ¿Con qué tipo de empresa o gente estarás trabajando? ¿A qué nivel de gestión aspiras? ¿Cómo vas a pasar la mayor parte de tu tiempo?

Una vez definida tu visión, compárala con dónde estás ahora y enumera las diferencias. Para cada diferencia, compila los pasos a seguir. ¿Qué es lo más lógico hacer a continuación? Elige algunas metas que puedas alcanzar primero y así sucesivamente. Así surgirá un plan de carrera. Establece objetivos y fechas. Sé realista sobre el tiempo y el dinero necesario.

Empieza y Sal del Estancamiento

Dar ese primer paso en tu plan es lo más importante. Cada paso adelante es un paso de gigante hacia tu satisfacción personal y de carrera.

Considera la posibilidad de encontrar un orientador profesional para ayudarte durante el proceso y animarte a través de la transición. Las inversiones en capacitación y apoyo te retribuyen en miles de formas.

El Pasto No Siempre Es Más Verde

SABIDURÍA CONVENCIONAL: Los ejecutivos corporativos pueden fácilmente convertirse en asesores y los consultores exitosos pueden convertirse en líderes corporativos.

NUEVO PENSAMIENTO: Menos del 20% son buenos candidatos para esto.

Cada vez que la economía se expande o se hunde, los ejecutivos que están cansados, aburridos, desplazados o en busca de ganancias por encima del mercado salen de la granja en tropel buscando "pastos más verdes". Con frecuencia asumen que su experiencia dirigiendo una empresa "real" los califican para brindar conocimiento y experiencia como consultores de otras empresas o ejecutivos.

Mientras tanto, los consultores que buscan estabilidad financiera piensan en irse al mundo corporativo. Los consultores suelen confiar en sus capacidades para dirigir organizaciones. ¿Quién podría estar mejor calificado que ellos para dirigir una compañía desde adentro? Después de todo, han sido la mano que ha guiado a muchas empresas en direcciones estratégicas, financieras y tecnológicas. Han sido asesores confiables de sus principales ejecutivos.

Por desgracia, pastar en otros pastos "más verdes" es más complicado de lo que parece a primera vista.

Como Es la Vida de un Consultor

Las características que definen el ambiente de consultoría son notablemente similares en las diversas empresas, independientemente de si es una gran empresa global o una pequeña empresa local. Primero y principal, a un nivel superior, el éxito se basa en la generación de ingresos por ventas. Los dólares equivalen a poder.

Como consultor, las contrataciones provienen del liderazgo y la estrategia. Tus clientes suelen tener una lista de problemas que deben resolverse—y la lista cambia con frecuencia. Los tomadores de decisiones corporativas se aseguran de que los consultores tengan acceso especial a las personas y los recursos. Después de todo, ya escribieron, o lo harán en breve, un cheque muy grande por sus servicios.

Desde una perspectiva de la entrega, el trabajo suele ser estandarizado y basado en la metodología.

Los contratos tienen un principio, un final y un ámbito definido. A menudo, no se especifica responsabilidad por la aplicación ni los resultados.

Pero también hay algunas excepciones. Ciertos arreglos contractuales comparten la responsabilidad por los resultados, y eso se refleja en el precio. En segundo lugar, los consultores manejan la implementación de sistemas o procesos. Sin embargo, una vez que eso está hecho, los consultores se van y no tienen que vivir con las consecuencias. La responsabilidad personal y la supervisión se limitan generalmente al desempeño de los miembros del equipo en los proyectos.

¿Deberías Ser Consultor?

▶ ¿Disfrutas de un paisaje continuamente cambiante de nuevos problemas a resolver?

▶ ¿Te divierte vender? ¿Te gusta la emoción de la persecución?

▶ ¿Te gusta socializar y construir una red de contactos?

▶ ¿Te llena de energía la gente inteligente que hace un trabajo interesante?

▶ ¿Te aburres fácilmente?

▶ ¿Te gusta proveer "asesoría y consejo" con poca responsabilidad por las actividades operativas o los resultados?

Cómo Es la Vida de un Ejecutivo Corporativo

En las empresas, públicas o privadas, la rentabilidad y valor para los accionistas son el foco. Para la mayoría de los ejecutivos, el éxito se basa en su contribución a los resultados operativos.

El liderazgo organizacional impulsa el desempeño, de la visión a la planificación, hasta la ejecución. La toma de decisiones y asumir riesgos, y la responsabilidad por los mismos, son fundamentales. Los resultados lo son todo. Las actividades dependen fuertemente de la implementación y los resultados. Normalmente los proyectos no son intelectualmente estimulantes.

La mayor parte del trabajo de la organización es continua y principalmente operativa.

Gran parte se basa en las políticas y procedimientos. Hay una amplia distribución de personas dentro de una corporación, con una tendencia a agrupar el promedio en inteligencia, motivación e interés en su trabajo. Se requiere una gestión integral por parte de la mayoría de los ejecutivos de personal para maximizar la contribución de todos los empleados de la empresa.

¿Deberías Ser un Ejecutivo Corporativo?

- ▶ ¿Te gusta estar en el frente, dirigir a otros, tomar decisiones?
- ▶ ¿Te gusta atender las cosas de principio a fin?
- ▶ ¿Obtienes satisfacción personal por la obtención de resultados positivos cuantificables en la que tuviste un papel significativo?
- ▶ ¿Puedes mantener tu enfoque a largo plazo mientras lidias con las preocupaciones tácticas y operativas?
- ▶ ¿Estás dispuesto a respaldar tus decisiones y asumir la responsabilidad de los resultados y las consecuencias resultantes?
- ▶ Como ejecutivo, ¿puedes ganar el respeto de los demás por tu perspicacia para los negocios?
- ▶ ¿Te llena de energía motivar y dirigir a grupos de personas para alcanzar con éxito objetivos comunes?
- ▶ ¿Los demás te siguen y te apoyan?

Ponte en Sintonía con Tu Elección

Si eres *consultor* y todavía crees que eres un candidato para cambiar a una corporación, piensa si eres más adecuado para un papel de consultoría o una posición de liderazgo operativo. Tu visión para los negocios, capacidad facilitadora y habilidades de comunicación son competencias clave que serán valiosas en un papel corporativo.

Si eres *ejecutivo* y aún quieres probarte en consultoría, piensa si eres más adecuado para una función de socio (traduce eso a ventas) o para la gestión (traduce eso a un proyecto o varios proyectos). Tu experiencia de gestión en el mundo real y tu capacidad de navegar en organizaciones complejas será útil en un papel de consultoría.

Ambos papeles, ejecutivo y consultor, tienen desafíos y recompensas. Ninguno de los dos es tan fácil como parece visto desde afuera. Siempre y cuando encuentres el que funcione para ti, estarás donde el pasto es más verde.

¿Es Tu Negocio o Tu Pasatiempo?

SABIDURÍA CONVENCIONAL: Imprime unas tarjetas de presentación y estás trabajando.

NUEVO PENSAMIENTO: Tu compromiso con tu trabajo se refleja en todo lo que haces.

Como propietarias de una pequeña empresa, con frecuencia buscamos a otras pequeñas empresas para que nos den servicios. También hemos entrenado a clientes y colegas para iniciar y operar pequeñas empresas. En cuanto a nuestros proveedores, tenemos algunos que no cambiaríamos por nada. Trabajamos directamente con los directores que tienen talentos especiales, cuyos consejos son siempre acertados, y que han sido fundamentales para el éxito de nuestras empresas. Hacen exactamente lo que necesitamos que hagan a un precio que podemos pagar.

¿Pero ponernos en contacto con ellos? Bueno, ese es otro tema. Usan sus teléfonos celulares como los teléfonos principales de su negocio, no se han molestado en grabar mensajes apropiados y a menudo no devuelven las llamadas (o e-mails)—incluso después de varios mensajes. ¿Qué dice acerca de su negocio si una voz de computadora dice: "te comunicaste con el 555-123-4567?"

Asimismo, algunos proveedores de pequeñas empresas no aceptan tarjetas de crédito. Las tarjetas de crédito dan más control sobre el flujo de efectivo, información financiera, comodidad, seguridad y hasta puntos por programas de lealtad, todo muy importante para los clientes de pequeñas empresas.

Muchos ex ejecutivos o profesionales de negocios dejan el mundo corporativo para fundar sus propias empresas. Con demasiada frecuencia no tienen ni idea de cómo establecer hasta la más rudimentaria infraestructura para tener presencia en el mercado, ni de gestión de clientes, tecnología, contabilidad y comunicación—y no hacen mucho para resolverlo.

En definitiva, los clientes pueden tolerar estas cosas si reciben productos esenciales o servicios que no creen poder conseguir fácilmente en otra parte. Pero puede ser frustrante hacer negocios con estas empresas.

Si Quieres Estar en el Negocio, Actúa Como Debe Ser

El denominador común aquí es si estas personas quieren estar "en" el negocio. Cuando se las presiona, algunas están practicando su hobby y otras están "en negación." En cualquier caso, no están totalmente motivadas a invertir el tiempo o el esfuerzo para ser creíble y realmente exitosas.

Si te identificas con esto, piensa si realmente quieres estar en el negocio. Si es así, asegúrate de crear una base sólida para tu empresa—al menos en lo básico. Esta es una lista corta de 10 puntos:

1. *Nombre de la empresa:* Elígelo teniendo en cuenta la disponibilidad del dominio de tu página web y correo electrónico.

2. *Dominio:* Una vez que tengas el nombre de tu empresa, contrata el dominio y quizá varios derivados.

3. *Correo electrónico:* Al principio, puedes empezar con el nombre de tu empresa en Yahoo o Gmail, más tarde probablemente querrás utilizar el dominio de tu empresa y contratar el alojamiento de tu cuenta.

4. **Sitio web:** Crea uno sencillo usando alguna de las múltiples plantillas disponibles. Para empezar, sólo necesitas unas pocas páginas básicas—inicio, tu biografía, tus servicios e información de contacto. Un sitio web de arranque es informativo, así puedes enviar a la gente allí. Hacer que tu sitio web aparezca en los motores de búsqueda es mucho más complicado y costoso.

5. **Comunicación:** Los teléfonos celulares están bien, siempre y cuando consideres a tu teléfono móvil como un teléfono de "oficina" con un mensaje apropiado. Asegúrate de revisar los mensajes a menudo y responde de manera profesional. Lo mismo vale para el correo electrónico.

6. **Estructura de la empresa:** Empresa unipersonal, SRL o Sociedad de derecho—Lo que decidas determinará qué más tienes que hacer. Consigue un contador experto o abogado para que te oriente.

7. **Cuenta bancaria de la empresa:** Vas a necesitar una cuenta de cheques independiente y tarjeta de crédito para la empresa y hacer los arreglos necesarios para aceptar tarjetas de crédito.

8. **Sistema de contabilidad:** Tienes que facturar a los clientes, registrar pagos, hacer pagos por compras y hacer un seguimiento de gastos para propósitos financieros y de impuestos. Lo puedes hacer "manualmente" (por ejemplo, usando Word y Excel), o puedes usar un sistema de contabilidad para pequeñas empresas como QuickBooks.

9. **Tecnología:** Piensa en lo que vas a necesitar y si necesitarás ayuda para mantenerla. ¿Cuánto tiempo puedes estar sin tu computadora u otro tipo de tecnología y aun así servir a tus clientes? ¿Qué se puede hacer con dispositivos móviles, y qué requiere equipos más robustos?

10. *Costo:* Un negocio implica un costo inicial y uno continuo. ¿Tienes los recursos para establecer un negocio básico y operarlo?

Esto te pone en marcha. Ahora, por supuesto, necesitarás determinar tus productos/ servicios, tus clientes objetivo y cómo venderles y tus objetivos financieros y recursos.

Que seas una pequeña empresa no significa que no puedas hacer un gran impacto. El primer paso es actuar como si ya estuvieras en el negocio. Sé profesional—tus clientes lo notarán y agradecerán.

«Todólogo» *No* Es un Título de Trabajo

SABIDURÍA CONVENCIONAL: Las empresas buscan solucionadores de problemas, personas competentes en muchas áreas y pensadores creativos.

NUEVO PENSAMIENTO: Las características personales son importantes, pero sólo tienen importancia en el contexto de los requisitos del trabajo.

Cuando tenemos que ayudar a un cliente con su currículo, una de las primeras preguntas que le hacemos es, "¿Qué tipo de trabajo haces?"

Varias veces—de hecho, demasiadas veces—la respuesta es algo como esto . . .

"Bueno, he hecho un montón de cosas," "Tengo muchas habilidades transferibles," "He tenido una carrera ecléctica," y uno de los más populares, "Soy todólogo". Incluso una ejecutiva llegó a decir que era multiusos. En algún lado había leído que las empresas estaban buscando personal multiusos.

Cuando alguien nos da una respuesta así, intentamos profundizar un poco preguntándole, "¿Qué clase de trabajo buscas?" A veces recibimos una respuesta coherente que nos dará una pista para avanzar. Otras veces recibimos respuestas como, "Estoy dispuesto a hacer cualquier cosa," o "Hay un montón de cosas que podría hacer".

La Flexibilidad Es Buena, pero la Función Es Clave

La flexibilidad es un atributo valioso. ¿A quién no le gusta trabajar con compañeros y colegas flexibles? Y no cabe duda de que las empresas están buscando a personas adaptables y dispuestas a hacer lo que la empresa necesita.

Recuerda que mientras tu disposición a ser un jugador de equipo flexible puede ser un factor decisivo, no es lo más importante que los empleadores están buscando. Una organización que busca contratar a un gerente de ventas quiere candidatos con ciertas habilidades, experiencia, educación y conocimiento, así como una empresa que va a contratar a un contador está buscando a un conjunto de capacidades diferentes y también específicas. Las empresas contratan a personas para desempeñar determinadas funciones y necesitan convencerse de la contribución de valor agregado de un candidato en el desempeño de las responsabilidades específicas. Por un momento, ponte en los zapatos del gerente que te contrata. ¿Cómo reaccionarías si un candidato te dice: "puedo hacer muchas cosas"? "¿Qué trabajo tiene para mí?"

Las Características No Son Títulos de Trabajo

En pocas palabras, "Todólogo" no aparece en ningún organigrama—con la posible excepción de trabajos especialmente creados para los empleados existentes y para cubrir una necesidad específica—y de todos modos no los llaman "Todólogos".

Si caíste en esta trampa u otros han elogiado las virtudes de tu serie de habilidades diversas, te sugerimos repensarlo. ¿Cuál es el trabajo con el que creíblemente puedes convencer a un gerente que puedes hacer y aportar valor a la función? Sé específico sobre tus talentos, habilidades, experiencia y conocimientos. Una vez que te hayas definido en los términos de un trabajo real y no por tus características, necesitarás realizar tu presentación personal y currículo de manera que sustenten lo que dices.

Montañas Rusas Empresariales: ¿Nos Estamos Divirtiendo?

SABIDURÍA CONVENCIONAL: El cambio es discreto. Es un acontecimiento que hay que manejar.

NUEVO PENSAMIENTO: El cambio es continuo. Es la condición normal de las cosas.

Cuando la "gestión del cambio" se hizo popular a principios de los 90, era de rigor leer un librito útil llamado *Business as Unusual (Los negocios poco comunes)*, de Price Pritchett, para cualquier gerente que se preciara. Estaba lleno de ensayos cortos y perspicaces acerca de lo que necesitaba saber un gerente cuando una organización estaba atravesando algún tipo de proceso de cambio o conmoción. Algunos de los útiles consejos eran "Vuelve a reclutar a los buenos" y "Presta atención a los problemas personales."

Ah, cómo han cambiado los tiempos. Si bien estos axiomas probablemente aún son relevantes, la noción de que el cambio es "un evento" está desactualizada. Hoy en día, el cambio simplemente *existe*. Para lidiar eficazmente con el cambio, tenemos que esperarlo y estar preparados. Es "los negocios como de costumbre." La única certeza es que mañana no será como hoy. La tecnología avanza a la velocidad del rayo, los modelos de negocios están evolucionando más rápidamente que nunca y a los mercados competitivos les atrae cada vez más la próxima cosa brillante.

Lo Único Constante Es el Cambio

Las estrategias de éxito más valiosas y eficaces exigen flexibilidad. Piensa en tu futuro y tu estado de ánimo general si supieras que eres lo suficientemente adaptable y enérgico como para hacer frente a cualquier acontecimiento inesperado en tu trabajo u organización. Luego pregúntate lo siguiente:

1. ¿Qué harías de manera diferente?
2. ¿Qué nuevas habilidades necesitaría?
3. ¿Cómo afectaría esta confianza mi desempeño actual?

Adaptabilidad Es Igual a Éxito

Piensa en las empresas más exitosas de hoy. ¿Qué percibes en ellas? Entre las muchas cosas en que estas empresas se destacan en es construir culturas que aceptan la innovación, la adaptabilidad y flexibilidad. Han usado y se han mantenido al día con la nueva tecnología, constantemente han introducido nuevas líneas de productos y no tienen miedo de entrar en nuevos mercados. A menudo tienen una serie de nuevos productos y servicios innovadores. Sus largas colas de clientes te dicen todo lo que necesitas saber.

¿Estás Preparado para el Desafío?

Pasa algún tiempo pensando y desarrollando un plan para responder las siguientes preguntas.

▶ ¿Cómo puedo ser un agente de cambio en mi trabajo o área?
▶ ¿Qué voy a hacer para ayudar a la empresa a elevar cada vez más sus estándares hacia un futuro posiblemente caótico pero estimulante?
▶ ¿Qué tengo que hacer para disfrutar ese proceso?

Y cuando el viaje empieza a ponerse un poco agitado—y lo hará, independientemente de que te diviertas—cuando empiezas a sentir como si ya has enfrentado suficientes cambios o cuando estás dudando de la naturaleza positiva del cambio, recuerda lo que dijo Charles Darwin, "No es la especie más fuerte la que sobrevive, no es la más inteligente, sino la que mejor reacciona al cambio".

En Órbita y Reingreso al Mercado Laboral

SABIDURÍA CONVENCIONAL: Puedes volver a trabajar después de algunos años y volver a empezar desde donde lo dejaste.

NUEVO PENSAMIENTO: El reingreso de la fuerza laboral es problemático y requiere una estrategia selectiva.

Y creo que va a pasar un largo, largo tiempo
Hasta que aterrice otra vez para descubrir
Que no soy el hombre [o mujer] que piensan en casa
No, no, no, soy un hombre cohete.

Letra de "Rocket Man" de Elton John

¿No sería lindo si pudiéramos meternos en una máquina del tiempo de nuestra carrera y volver a insertarnos en donde lo dejamos hace unos pocos (o muchos) años? Somos grandes defensores de esas sabias palabras parentales, "lo que quieras hacer, si lo quieres lo suficiente y te empeñas, puedes hacerlo." También somos las primeras en animar a las personas a empeñarse en cuerpo y alma en sus objetivos de carrera o trabajo y ponerse en acción.

Esta es la verdad. Si has estado fuera del mercado de trabajo por un tiempo, es extremadamente difícil, si no directamente imposible, volver exactamente al punto donde lo dejaste. Las cosas han cambiado. Y cuanto más tiempo hayas estado fuera, más exponencial es el desafío. Es muy común que veamos a algunos hombres (y mujeres) que han puesto sus carreras en espera para cuidar de los niños, los padres que están envejeciendo, o ambos. Esto se agrava cuando el ama de casa desplazada se ve obligada a trabajar por un divorcio, la pérdida de un cónyuge o demandas económicas. Otros profesionales toman desvíos en su carrera intencionalmente, a veces para trabajar por su cuenta o en consultoría independiente, y luego descubren que no es para ellos o pierden su camisa. También vemos personas mayores que se han "retirado temprano", pero cuyos fondos de jubilación se han agotado —por pérdidas financieras o enfermedad, por ejemplo — y que necesitan ingresos para recuperar su seguridad financiera.

Primero, las Malas Noticias

Si estás en los últimos cinco años de tu carrera, encontrar un empleo a tiempo completo en el trabajo de tus sueños puede ser poco realista. Sin duda, hay excepciones para las personas que están excepcionalmente calificadas para trabajos que son difíciles de cubrir. Pero para la mayoría de los puestos de trabajo, es más probable que una empresa contrate e invierta en un candidato más joven que creen que tiene una "vida útil más larga." Es simple economía. Además, las empresas son renuentes a poner a un profesional que está al final de su carrera en un trabajo que podría ser un trampolín para los empleados más jóvenes con mayor potencial.

Con suerte, luces diez años más joven de lo que eres y no tienes manifestaciones físicas o síntomas de ser un "jubilado". Si es así, inténtalo. Teóricamente, se supone que los empleadores no deben preguntarte tu edad, así que podrías evitar el radar y conseguir el trabajo. Cuidado con las preguntas tramposas, sin embargo, y no des inocentemente e involuntariamente información que revele tu edad. Podrían preguntarte en qué año te graduaste de la escuela/universidad. Incluso podría figurar en tu currículo. No empieces a hablar de tus nietos o de tus planes de jubilación. Te sorprendería saber cuántos dejan escapar estas cosas con total ingenuidad. Asumiendo que tu apariencia es juvenil y vibrante, de todos modos tendrás algunos obstáculos que superar.

Si representas tu edad, incluso aproximadamente, quizá debas considerar seriamente un trabajo por contrato, a tiempo parcial, freelance o de consultoría. Los contratos pueden pagar bien y proporcionar una excelente fuente de ingresos estables. Hay numerosas agencias de personal que colocan a los trabajadores bajo contrato, y algunos ofrecen empleo a tiempo completo. Es como un modelo de reclutamiento "prueba y luego compra" para las empresas. Además, según la Asociación Americana de Dotación de Personal, un 79% de los empleados temporales de hecho trabajan a tiempo completo. Los contratos pueden ser por varios meses y hasta un año o más. Además, muchas agencias ofrecen consejería de carrera y capacitación gratuita. En última instancia, es su negocio encontrar talento competente y colocar a estos individuos en posiciones por contrato para sus clientes.

Los profesionales con más experiencia y directivos con experiencia específica de contenido o de industria deben considerar la consultoría. Ser autónomo tiene algunas ventajas.

- ▶ Estableces tu propio horario.
- ▶ Cobras lo que el mercado tolera.
- ▶ Puedes hacer exactamente lo que sabes (y presumiblemente amas).
- ▶ No tienes un "jefe" a quien responder, aparte de tus clientes.

Por supuesto, ser autónomo también tiene sus desventajas.

- ▶ Debes saber venderte y vender bien tus conocimientos.
- ▶ Debes estar dispuesto y ser capaz de manejar la volatilidad de tus finanzas, y tener un colchón de seguridad de tres a seis meses de liquidez en todo momento.

Muchas personas inteligentes y talentosas no saben venderse bien. Y los vendedores talentosos son escasos. El resto de nosotros estamos programados para no presumir ni ser demasiado insistentes. En una manera profesional adecuada, eso es lo que tiene que hacer un consultor—hablar sobre lo que sabe y cómo puede beneficiar a la empresa, y ser persistente y cuidadoso para hacer el seguimiento de sus prospectos. Si bien esto puede no estar en tu ADN, se puede aprender. Con las herramientas correctas, habilidades, determinación y mentalidad adecuada, la gente inteligente y experimentada puede descifrar exitosamente el código de la consultoría.

Para terminar con las malas noticias, mientras estabas fuera, la tecnología y el enorme volumen de conocimiento han seguido avanzando a un ritmo sorprendente. Por lo tanto, independientemente de la industria o trabajo que provengas, es casi una certeza que la tecnología que estabas usando antes ha desaparecido y cambió por algo radicalmente diferente. La base de conocimientos que dominabas cuando estabas empleado puede haberse duplicado o cuadruplicado.

Ahora, las Buenas Noticias

Hay unas cuantas claves importantes que debes dominar para el reingreso laboral. Y si lo haces, aumentarás las posibilidades de encontrar un punto adecuado de reingreso que será agradable y gratificante.

> ▶ *Primero, pon en marcha tu encanto.* "Cuando te has alejado durante unos años, puedes sentir que no tienes mucho que ofrecer o puedes sentirte inseguro," dijo Marcia Brumit Kropf, Vice Presidente de investigación y servicios de información para Catalyst, una organización con sede en Nueva York. Volver a entrar en el ritmo de las cosas puede parecer desalentador, pero de todo lo que tienes que hacer, la principal prioridad es cultivar tu optimismo y confianza. Trabajar con un consejero o consultor de carrera desde el principio. Pueden ayudarte a hacer un inventario de tus habilidades e intereses y a evaluar tus mejores opciones. Además, pueden ser tu caja de resonancia y animadores durante todo el proceso de reingreso, ayudándote a mantener el rumbo y una actitud positiva. Si no puedes permitirte un entrenador profesional, busca uno que quiera hacer un intercambio contigo. Seguramente tienes algo que

puedas negociar. Si eso no funciona, hay organizaciones sin fines de lucro que ofrecen servicios profesionales y apoyo para la búsqueda de empleo.

▶ ***Ten en mente un trabajo objetivo.*** La mejor manera de reclutar a tus amigos, familiares y colegas para ayudarte es darles maneras específicas para ayudar. Si les dices, "voy a volver a trabajar y necesito tu ayuda," ¿qué se supone que hagan con esa información? Tienes que hacer tu investigación. En primer lugar, evalúa lo que te interesa hacer, en qué eres hábil y para que te podrían considerar un buen candidato. Quizá tengas que tomar un trabajo de nivel inferior para compensar el tiempo perdido y posicionarte para volver a ser competitivo. Luego, busca empresas y organizaciones en tu área geográfica específica que ofrezcan estos puestos de trabajo. No importa si no tienen el tipo de trabajo que quieres publicado en su página web o en Internet. Lo que quieres es salir y empezar a construir tus redes. Cuando tus amigos pregunten cómo pueden ayudarte, les puedes decir específicamente, "Estoy buscando presentaciones en… [la lista de empresas objetivos que creaste]." Y les puedes decir exactamente el tipo de trabajo que te interesaría y para el que estás calificado. Quién sabe, hasta pueden tener un contacto.

▶ ***Actualiza tus conocimientos de la tecnología y los acontecimientos recientes en tu campo.*** La tecnología e información pueden haber avanzado radicalmente desde tu último empleo. Si realmente quieres que te consideren un candidato atractivo para el trabajo, tienes que acelerar gustosamente la curva de aprendizaje. Toma una o varias clases. No puedes permitirte ser obsoleto antes de empezar. Y hay una buena posibilidad de que no te contraten si el empleador llega a la conclusión de que estás demasiado desactualizado como para invertir en tu entrenamiento. También tienes que saber el "argot" actual de tu campo. Cada industria crea sus propio argot y frases nuevas, y tienes que conocerlos para tener una buena entrevista. Muchos colegios y universidades, especialmente los comunitarios, ofrecen cursos de educación excelentes y económicos para adultos que pueden ayudarte a actualizar tus habilidades y a aprender nuevas aplicaciones. Incluso puedes calificar para una recapacitación gratuita a través de la Comisión laboral de tu estado. Algunos de estos cursos se ofrecen a través del aprendizaje a distancia, permitiéndote tomar las clases en casa y a tu propio ritmo. Si no puedes tomar una clase, entonces por lo menos ve a la biblioteca a ponerte al día, o pídeles a tus colegas y amigos que te den sesiones instructivas. No tengas miedo o vergüenza de pedirlo. Casi todos quieren ayudar.

▶ *Aprende a construir redes y dedícate a hacerlo.* Probablemente insistimos más que nada en esto con nuestros clientes de transición de carrera. Es mucho más probable que encuentres trabajo a través de alguien que conoces o que esa persona conoce. No es probable que encuentres tu próximo trabajo en los anuncios de trabajo de Internet. A lo sumo—y algunos dicen que esta cifra es demasiado alta—sólo un 15-20 por ciento de todos los empleos disponibles se anuncian públicamente en cualquier medio, y sólo 5 por ciento de los solicitantes de empleo consiguen empleos directamente a través de anuncios de cualquier tipo—impresos e Internet. Lo que la gente a menudo no se da cuenta es lo ineficientes que son estos tableros de trabajo. Por favor, no seas una de esas personas que pasan la mayor parte de su tiempo de búsqueda de empleo navegando en Internet buscando la aguja en el pajar. Y aunque lo encuentres, las probabilidades de que tu solicitud o currículo sea elegido son insignificantes.

Las redes, por otra parte, son la clave para conseguir cualquier trabajo de cualquier nivel. Piensa que durante años hemos oído acerca de los "seis grados de separación". Ahora, según una investigación realizada por la Universidad de Milán y científicos en Facebook, en los Estados Unidos hay poco más de cuatro grados de separación. Así que cuando estás volviendo al trabajo, qué mejor lugar para empezar que con tus antiguos colegas, compañeros, amigos y, sí, incluso tu familia. Esta es gente que te conoce, sabe todo acerca de ti y es más probable que te ayude que un extraño. Haz preguntas, pide recomendaciones y pide que te presenten.

▶ ***Repasa y pule tu desempeño en las entrevistas.*** Esta es otra área donde trabajar con un entrenador o asesor de carrera puede agregarle valor a tu búsqueda. Especialmente, pueden ayudarte a redactar un currículo que maximice tu valor y habilidades y minimice tu "tiempo libre". Incluso con un currículo bien redactado, tienes que contestar las preguntas difíciles de la entrevista, como "¿Qué has estado haciendo desde tu último trabajo?" Tienes que decir la verdad. Es de esperar que no te lo hayas pasado sentado en un sillón reclinable mirando la televisión o jugando juegos de video todo el tiempo. Lo más probable es que hayas estado haciendo algo productivo y adquiriendo nuevas habilidades en ese tiempo. Cuando te fijas en sus actividades y habilidades a través de esta lente, puedes compartir con confianza en qué has invertido tu tiempo, y lo que has aprendido en ese lapso. Sin disculpas. Aquí es importante la franqueza y la creatividad. Con una actitud positiva, el dominio de los desarrollos actuales y la tecnología y una presentación brillante, los gerentes que están contratando deben poder ver más allá de una brecha en tu experiencia laboral.

Mirando al Futuro

Si decides tomarte un tiempo libre en el futuro o terminas fuera del mercado laboral por un período prolongado, tienes que tener en cuenta dos cosas desde el principio.

1. Mantente actualizado. Conserva tus habilidades. Mantente al día sobre nuevas tecnologías y avances en tu campo. Sigue participando en tus asociaciones profesionales—es un excelente entorno para hacer redes y al mismo tiempo mantenerte al día con la nueva información.

2. Haz algo relevante para tu empleo en el futuro. Imagina un momento en el futuro cuando quieras volver a trabajar. ¿Qué pondrás en tu currículo? Toma clases, cultiva nuevas habilidades, escribe artículos, aprende un nuevo idioma, hacer algunos trabajos independientes, realiza actividades de voluntariado

que un futuro empleador pueda valorar, mantén todas las certificaciones pertinentes y obtén otras nuevas.

Diagrama de Flujo de la Búsqueda de Trabajo

Concéntrate
- Decide lo que quieres hacer y dónde quieres trabajar.
- Define cuidadosamente tu próximo trabajo, incluyendo por qué te considerarían un buen candidato.

Prepárate
- Desarrolla tus materiales de mercadeo (currículo, biografía, carta de presentación) para que sean acordes a tu próximo trabajo deseado.
- Crea o actualiza tu perfil en LinkedIn para que refleje tu nuevo currículo.
- Empieza a construir tu red de LinkedIn; agrega activamente las conexiones de tus trabajos actual/anteriores, actividades de la industria y comunidad, esfera social y hasta familiares.

Apunta
- Investiga qué compañías tienen esos trabajos en tu área geográfica deseada.
- Crea una lista objetivo de las empresas en las que quieres trabajar.
- Identifica a las personas clave en esas empresas con quienes quieres ponerte en contacto.

Redes de Contactos
- Pide a tu lista objetivo de personas y empresas que te presenten.
- Revisa los sitios web y anuncios de trabajo de las empresas para buscar posiciones que te puedan interesar.

Entrevista
- Prepárate minuciosamente para cada entrevista.
- Practica las entrevistas.
- Realiza un seguimiento religiosamente.

Negocia
- Evalúa todos los aspectos económicos de la oferta.
- Contraoferta para pedir más dinero u otros beneficios (por ejemplo, título, tiempo de vacaciones)
- Sigue vendiendo hasta el final.

Trabaja
- "Prioridad uno"—conoce a todas las personas clave a tu alrededor.
- Ofrece un desempeño excepcional—pregunta si no sabes algo.
- Sigue conectado con tus redes—nunca te detengas.

Evaluación versus Verdad

> **Sabiduría Convencional:** Una buena asesoría de carrera comienza con una evaluación.
>
> **Nuevo Pensamiento:** Las evaluaciones pueden ser útiles y estimulante, pero no son el eje de una discusión significativa sobre una carrera.

Antes de estudiar Zen, las montañas son las montañas y las aguas son las aguas.
Después de un primer vistazo a la verdad del Zen, las montañas ya no son
montañas y las aguas ya no son las aguas.
Después de la iluminación, las montañas nuevamente son montañas y las aguas
son de nuevo las aguas.

Dicho Zen

¿Cómo se miden generalmente las habilidades y destrezas de trabajo en el desarrollo profesional y planeamiento de carrera? Hoy en día, hay cientos de evaluaciones que miden una plétora de rasgos de personalidad, preferencias, estilos y fortalezas, que varían mucho en cuanto a su sofisticación y credibilidad. Incluso algunos asesores indican empezar con una o más. Hay tres tipos principales que se usan para distinguir a las personas.

▶ **Las evaluaciones de personalidad** se usan para evaluar las características que afectan las conductas en las relaciones personales y sociales.

> ▶ **Las evaluaciones de capacidad cognitiva o logro** se utilizan para evaluar habilidades verbales, no verbales y psicomotoras, inteligencia o el dominio del conocimiento en un área particular.

> ▶ **Las evaluaciones de interés y aptitud** se usan para evaluar los gustos, aversiones y patrones de interés que pueden referirse a ocupaciones específicas. Estas se utilizan comúnmente en la asesoría de carrera.

¿Son Tan Buenas Como se Supone?

Sin duda, las evaluaciones pueden dar indicios importantes como parte del proceso de planeación de carrera. Con demasiada frecuencia, sin embargo, vemos que no se comprenden y se usan mal. Algunas precauciones:

> ▶ **Calidad.** La calidad de estos instrumentos varía mucho. Una evaluación legítima mide lo que dice que hace, y los resultados son repetibles y producen resultados consistentes bajo condiciones constantes. Algunas evaluaciones populares son muy poco confiables y es posible que no tengan suficiente investigación o pruebas para respaldar sus afirmaciones. El hecho de que figure en la lista de libros más vendidos del New York Times no garantiza que la evaluación sea válida. Estas evaluaciones "malas" a menudo son usadas por personas que no tienen un entendimiento completo del producto, su fundación y su correcta aplicación.

> ▶ **Utilización.** Cada vez más se alienta a los entrenadores, asesores y orientadores a utilizar evaluaciones como base para el asesoramiento y coaching porque proporcionan un medio para iniciar la conversación con el cliente. Esto parece un pretexto. ¿Qué harían si no tuviesen una evaluación para romper el hielo? Lamentablemente, las evaluaciones tal como se comercializan, a menudo proporcionan una fuente de ingresos significativa para el asesor y un fuerte incentivo financiero para usarlas sólo para ganar más dinero.

▶ **Credenciales.** Asumiendo que una evaluación particular es creíble, demasiado a menudo la persona que administra la evaluación no está calificada para entender y comunicar los resultados. Los instrumentos más sofisticados están disponibles sólo a través de consultores certificados. Con suerte, sus credenciales dan por lo menos un nivel mínimo de confianza. Sin embargo, cada vez más pueden adquirirse al por menor y tomarse en línea. Algunas evaluaciones permiten descargar inmediatamente los resultados al finalizarlas. Un profesional entrenado y calificado puede ayudar al comprador a traducir y aplicar la información del informe de su situación particular. Por otro lado, como están fácilmente disponibles, algunos profesionales las ofrecen sin haber recibido una capacitación adecuada. O, puedes omitir al profesional y leer tú mismo el informe. Sin embargo, leer un informe impreso escupido por la computadora podría no brindar una interpretación precisa o rigurosa de los datos.

Eres Más Que Tus Resultados

Es muy tentador caer en la trampa de pensar que los resultados de la evaluación representan una forma de la "verdad". De hecho, por buena que sea una evaluación, es una instantánea en el tiempo de un conjunto específico de atributos medidos específicamente por ese instrumento. No es una representación de toda tu identidad. No es una medida de tus habilidades. No es una medida de tus valores, creencias o "bondad" como persona. Hay todo un universo de información y características que ninguna evaluación puede medir.

A menudo nos damos cuenta de que cuando un candidato recibe una evaluación particularmente interesante y presumiblemente pertinente, ocurre una epifanía. Empieza a filtrar al resto del mundo en estas "categorías" o características. Incluso interiorizan los resultados en su marca e identidad y ponen carteles en las puertas de su oficina o escritorio declarando: "Soy ENFJ" (extroversión, intuición, sentimiento, juicio), "Soy amarillo", "Soy investigador." No, eres más que eso. Mucho más que eso.

No es tan simple, y sin embargo este nuevo descubrimiento de la "verdad" puede ser contagioso y dominante.

En última instancia, cuando amplíes tu experiencia con las evaluaciones, con el tiempo generarás un collage que retrate quién eres con precisión y de manera más perceptible. Con muchas formas diferentes de entender lo que te hace mover, probablemente volverás a la tierra y perderás su celo misionero por la evaluación del mes.

Por ahora, si eres el que busca empleo o el cliente de un asesor de carrera, te recomendamos que compruebes las credenciales y calificaciones del asesor o consultor y verifiques la credibilidad de los instrumentos que te recomiendan. Dependiendo del costo y tu nivel de claridad sobre tus objetivos, las evaluaciones pueden ser muy valiosas, pero no es la única manera de llegar a un buen resultado.

La Despedida Es Una Pena Tan Dulce... ¿Lo Es?

SABIDURÍA CONVENCIONAL: Mantente alerta y presta atención para detectar signos de problemas en la empresa o en tu situación, para que puedas adelantarte. Hazte cargo de hacer un cambio de trabajo antes de que la empresa lo haga por ti.

NUEVO PENSAMIENTO: Hazte cargo de tu carrera, no sólo de un trabajo. Tener una estrategia viable y bien preparada para el crecimiento continuo es una herramienta poderosa en tu arsenal de gestión de carrera a largo plazo.

Tienes que saber cuándo aguantar, saber cuándo aflojar
Saber cuándo irte y saber cuándo correr.

Letra de "El jugador" por Kenny Rogers

Ya deberías saber que tu carrera está en tus propias manos. Como "agente libre" tienes que aprender a representarte efectivamente a lo largo de tu carrera—dentro, fuera, arriba, abajo y hacia los lados. Aunque todos conocemos a personas que han permanecido, por muy buenas razones, 20 años en la misma empresa, es más probable hoy en día los reclutadores y gerentes consideren ese tipo de longevidad más negativa que positiva.

Estos son los tres mensajes importantes que tenemos acerca de dejar un trabajo o empresa:

1. Planificar cómo y cuándo lo dejarás es más esencial que nunca.
2. Cuando se trata de dejar un trabajo, hay pautas que aumentarán tus posibilidades de éxito.
3. No te cierres puertas.

La Salida Como Estrategia de Carrera

Hoy en día, desarrollar una estrategia para dejar un trabajo es casi tan importante como desarrollar una estrategia para encontrarlo. Las empresas ya no garantizan un empleo vitalicio. Un par de décadas atrás, los empleados contaban con ser contratados por una empresa de la "cuna a la tumba". Esos días ya han pasado. En la ferozmente competitiva economía global de hoy más organizaciones que nunca se reducen, redimensionan, reorganizan, subcontratan, deslocalizan y fusionan para seguir vivas. En este ambiente, ningún trabajo está a salvo.

Además, con frecuencia las empresas se involucran menos en la planificación de carrera, seguimiento promocional y en guiar el progreso de sus empleados. Los individuos deben asumir la responsabilidad de su propio crecimiento y éxito profesional. Eso significa, entonces, que independientemente del trabajo o las aspiraciones que tengas, para ti siempre es crucial, siempre, haber planeado una estrategia de salida.

Hay algunas situaciones específicas en las que un empleado debe tener una estrategia definida, intencional.

▶ **Graduados universitarios recién contratados que quieren volver a la universidad para obtener un mayor grado.** Las mejores escuelas de posgrado de negocios prefieren a candidatos que hayan trabajado por lo menos un par de años. Con ese propósito, si aceptas un trabajo justo después de recibir tu licenciatura y tienes la certeza de que quieres obtener tu MBA o equivalente, realmente tienes que tener una estrategia específica más temprano que tarde. Muchas compañías ofrecen generosos programas de reembolso de colegiaturas cuando estás listo para volver a estudiar. Armar tu plan de salida o de transición por adelantado podría permitirte aprovechar las oportunidades de apoyo y post grado de tu empresa. Si lo manejas adecuadamente, también puedes conservar la buena voluntad de tu empleador si te vas.

▶ **Alguien que ha decidido tomar un "trabajo de desarrollo" con el fin de aprender o perfeccionar valiosas habilidades, pero el trabajo no encaja con su talento natural o ideal profesional.** Estos pueden ser importantes oportunidades de crecimiento, pero el peligro es quedarse atascado en un trabajo donde nunca vas a ser excelente. Tu nivel de estrés probablemente será mayor, tus evaluaciones podrían sufrir y la oportunidad de crecimiento potencial podría, de hecho, desviarte de tu trayectoria estelar. En estas situaciones, te recomendamos negociar términos y condiciones, específicamente cómo y cuándo saldrás, antes de aceptar el trabajo.

▶ **Un ambiente de trabajo o jefe simplemente tóxicos.** Esto sucede con demasiada frecuencia en empresas con una cultura feroz, liderazgo ignorante o una obsesión con el rendimiento a corto plazo. A veces, simplemente tienes que irte. Si su ambiente de trabajo o jefe está pesando demasiado en tu salud, satisfacción o estado de ánimo… ¡HUYE! Sin embargo, sé inteligentes y no quemes tus naves. En la mayoría de los casos tendrás más éxito en tu transición si no cortas el cordón inmediatamente por enojo o pánico. En cambio, busca la forma de manejar los estresores inmediatos así compras tiempo mientras preparas una estrategia de salida viable, realista y realizable. Puedes encontrar oportunidades en otras partes de la misma empresa donde puedas escapar del veneno de tu situación actual. O tal vez tengas que dejar de una vez la empresa. Encuentra un asesor profesional o un consejero independiente para ayudarte a resolverlo.

Consejos para la Gestión de Carrera con un Plan de Salida

Dejar tu trabajo, tu empresa, o incluso tu departamento o posición es normal estos días. De hecho, es algo común. Hemos recopilado algunos consejos que pensamos son importantes cuando te vas, pero que normalmente no se enfatizan ni se ejecutan correctamente. Demasiados de nuestros clientes los han ignorado, han sido ingenuos o no supieron manejar estos elementos simples.

- ▶ Ten un currículo actual—actualízalo todos los años.
- ▶ Haz un seguimiento de tus logros para incluirlos con precisión en tu currículo y puedas hablar de ellos en entrevistas.
- ▶ Construye tu red y mantenla actualizada. ¿El mejor momento para construirla? Cuando no la necesitas. No importa cuánto hace que conoces a la persona ni en qué contexto. Si están vivos, son un contacto de tu red.
- ▶ Dedícate a ampliar tus habilidades y credenciales.
- ▶ Escanea permanentemente el horizonte para saber lo que sucede en la industria, la comunidad y el área.
- ▶ Mantén todos tus documentos críticos, como cartas de recomendación, premios, certificados, diplomas, artículos y coberturas periodísticas, en un solo lugar. Una carpeta de tres aros funciona bien como portafolio de tu carrera. O escanea los documentos importantes y guárdalos electrónicamente en una carpeta de trayectoria profesional.

Los empleos, empresas e industrias enteras son fluidos en estos días. Las mejores estrategias para las empresas y para las carreras requieren adaptabilidad—es imposible predecir los acontecimientos que pueden surgir en un instante. Entonces, tener armado un plan de carrera que incluya una variedad de caminos para alcanzar tus metas te dará tranquilidad y confianza para manejar cualquier imprevisto.

Renuncias: Más Que Legal

SABIDURÍA CONVENCIONAL: Una vez das aviso, eres libre de hacer o decir lo que quieras.

NUEVO PENSAMIENTO: La forma de conducirte cuando te vas es tan importante como tu comportamiento al empezar.

Tengas un nuevo trabajo o hayas decidido renunciar sin tener otro, sí, como renuncias es importante—e incluso te puede afectar durante el resto de tu carrera. Muchas personas no llegan a reconocer la importancia de los mensajes explícitos e implícitos que envían cuando renuncian. Este es el momento de construir—no quemar—puentes. Lo que digas se recordará. Independientemente de tu experiencia en el trabajo, ahora es el momento de crear una imagen positiva de ella y el valor de tus relaciones.

Primero lo Primero—Hazlo por Escrito

Es ventajoso renunciar con una carta que documente formalmente la decisión. No sólo es considerado, también te protege. Proporciona una documentación legal de cuando te fuiste, que diste un aviso apropiado, y que te fuiste voluntariamente. Debes dirigir la carta a tu jefe inmediato, ser lo más breve posible e incluir datos fácticos relevantes. También debe incluir una "declaración de agradecimiento" por la oportunidad que tuviste con la empresa. Asegúrate de guardar una copia en tu portafolio de carrera para tus propios registros.

Pon una Cara Bonita

Si este ha sido un buen trabajo y te vas por uno mejor, el objetivo es que todos se alegren por ti. Si este no fue un buen trabajo, no importa lo infeliz que hayas sido, el objetivo sigue siendo que todos se alegren por ti.

El punto de partida más fácil es hacerles saber:

▶ Has pensado mucho esta decisión (y quizás ha sido una decisión difícil).
▶ Agradeces la oportunidad que has tenido con la organización (empresa, departamento) que estás dejando.
▶ Has aprendido mucho.
▶ Valoras las relaciones que has construido y esperas seguir en contacto.

Hablar sinceramente y de corazón. Aunque hayas trabajado con el peor jefe de la historia, también es cierto que has aprendido mucho de tu supervisor—aunque sólo haya sido cómo no gestionar un proyecto o cómo no tratar a la gente. La mejor manera de que la gente se alegre por ti es que se sienta valorada y apreciada. ¿Qué? ¿Dices que trabajaste para Atila el Huno? Si alguien te pregunta acerca de la experiencia, di algo como, "Fue una experiencia que nunca olvidaré", o "He aprendido mucho sobre la expansión del territorio".

Este no es el momento para enojarte por tu experiencia ni para usar esto como una oportunidad para ventilar todas las cosas que están mal con la empresa, el trabajo o las personas con las que trabajaste. ¿Adivina qué? Puesto que te vas, a nadie le importa. Y, si te comportas de manera poco profesional, tal vez ni siquiera te hagan tu fiesta de despedida.

¡Ahora disfruta de tu pastel y sigue adelante!

ACERCA DEL MERCADEO:

CURRÍCULOS Y MATERIAL ASOCIADO

Conceptos Erróneos Acerca de los Currículos

> **SABIDURÍA CONVENCIONAL:** Los currículos se leen, los currículos consiguen empleos y hay una forma correcta de redactarlos.
>
> **NUEVO PENSAMIENTO:** Un currículo es necesario pero no suficiente, y un buen currículo está diseñado para el lector.

Si crees que tu currículo no te sirve, podría ser porque no entiendes los currículos. Generalmente nos encontramos con tres ideas erróneas sobre los currículos que impiden que una búsqueda de trabajo sea exitosa.

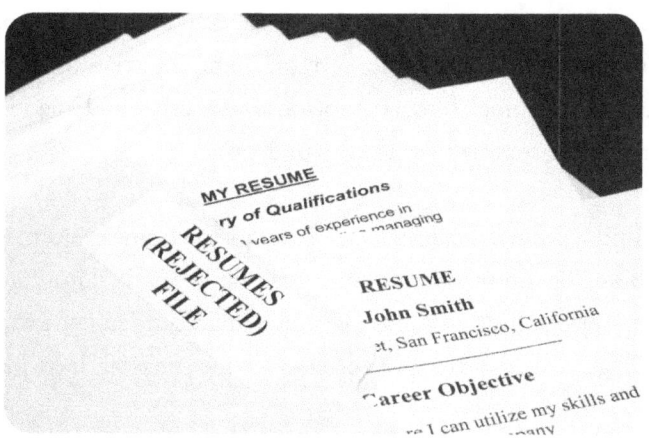

Error #1. Los Currículos se Leen

Bueno, podrían... tarde o temprano. Pero un currículo tiene que ser elegido para ser leído. Ponte en el lugar de un reclutador o un gerente contratante. A menudo, tu currículo le llega entre una gran pila de muchos otros (impresos o electrónicos)—desde 25 hasta 200 o más— por día. Puesto que no va a leer tantos currículos, el primer paso es descubrir a cuáles les van a prestar atención. Eso significa que el primer paso más importante es lograr que sea *seleccionado*. Si alguna vez contrataste a alguien, fíjate si te suena conocido. Tomas la pila de currículos y empiezas a repasarlos, separándolos en tres categorías. Sí, Tal vez, No (o directamente a la basura). Sucede así, con sólo unos pocos segundos por currículo: no, no, no, no, no, no, no, no, no, tal vez, no, no, no, no, no, no, no, no, no, tal vez, no, no, no, no, no, no, sí, no, no... .

¿Qué hace que se seleccione un currículo? En primer lugar, obviamente, uno adecuado a los requisitos del trabajo. ¿Las destrezas y experiencia saltan de la página al lector? Segundo, la apariencia. ¿El currículo es prolijo, profesional, legible y sin errores de ortografía? Tercero, las características valiosas que destacan al candidato. ¿El candidato tiene una trayectoria en una empresa de prestigio, excelente educación, claro registro de logros y una progresión lógica de carrera? Para ver cuán "seleccionable" es tu currículo, prueba esto: Coloca tu currículo sobre tu escritorio. Dale un vistazo. ¿Qué ves? ¿Lo elegirías de entre una pila de 50 para leer?

Un proceso similar ocurre cuando un reclutador clasifica electrónicamente los currículos recibidos de anuncios o de búsqueda de bases de datos, aunque con más énfasis en la pre-selección de palabras clave que aparecen "en contexto" en el cuerpo del currículo. De cualquier forma, primero tienes que ser seleccionado.

Error #2. Los Currículos Consiguen Empleos

Si tuviéramos un dólar por cada persona que nos dijo, "he enviado un montón de currículos, pero nadie me ha llamado", sin duda seríamos muy ricos. Los currículos no consiguen empleos. Tu currículo te ayuda a obtener un empleo. En las ventas, un folleto es una pieza clave del material colateral de mercadeo. El diccionario define colateral como "adicional a y en apoyo de algo; acompañamiento o elemento adicional pero secundario". El punto es que cuando estás buscando un trabajo, tú eres el producto y tu currículo es tu material de mercadeo. ¿Cuánto crees que venderías si simplemente dejas un brillante folleto de 12 páginas? En efecto, eso es lo que estás haciendo cuando solo envías tu currículo.

Y todavía necesitas un buen currículo. Tu currículo, correctamente realizado, puede llamar la atención de alguien. Pero más probable es que necesites llamar la atención de alguien y luego respaldarla con tu currículo. Ahí es cuando están listos para profundizar en los detalles. Lo que sí consigue empleos son las redes eficaces, la búsqueda de un trabajo bien planeada y bien ejecutada, buenas habilidades en las entrevistas y una gran presentación personal profesional. Sí, tener un buen currículo es esencial para el proceso, pero no suficiente.

Algunos pueden necesitar tener una biografía además de un currículo. Una biografía también es un colateral de mercadeo y sirve como un documento introductorio. Es un captador de interés especialmente útil en el proceso de trabajar con tus redes. En las llamadas iniciales de ventas, el representante a menudo comienza con una breve introducción o volante que puede "dejar"—sólo lo suficiente para cubrir los aspectos más destacados—porque hasta que él o ella no tenga el interés del cliente en el producto o servicio, no hay absolutamente ningún interés en las características detalladas.

¿Ves la similitud con tu currículo y biografía? ¿Tienes que cambiar tu enfoque?

Error #3. Hay una Forma Correcta de Redactar un Currículo

Cuando se trata de currículos, todo el mundo es experto. Cada reclutador, gerente contratante, consultor de carrera, autor y tu hermano mayor, todos creen que tienen la una fórmula mágica. No importa lo que te digan, no han recibido la "verdad". No hay ninguna fórmula mágica. Pero el sentido común ayuda.

El sentido común nos dice que no importa lo que creas o lo que cualquiera te diga acerca del currículo, la persona que tiene el trabajo tiene la última palabra. Quieres que te contraten, no ganar un concurso sobre la forma correcta de escribir un currículo. Si sabes o te enteras que un reclutador o gerente quiere un currículo de una página, redacta un currículo de una página.

Estas son algunas pautas de sentido común para currículos:

1. Usa una fuente estándar en un tamaño de punto fácilmente legible.
2. Que tu nombre sea lo suficientemente grande como para ser elegido entre un montón de papeles.
3. Deja márgenes de 2.50 cm (superior, inferior, izquierdo, derecho).
4. Incluye tu nombre y número de página—información opcional de contacto— en cualquiera de las páginas después de la primera. Si tu nombre no figura en la segunda página o subsiguientes y las páginas impresas se separan—por ejemplo, en la copiadora—es imposible que las páginas perdidas se vuelvan a colocar correctamente.
5. Dependiendo de tu historial de trabajo y audiencia, tu currículo puede ser de 1 a 3 páginas. Asegúrate de que lo que está en todas las páginas añade valor real.
6. Crea una versión fácil de leer "sin formato" (a menudo llamado "texto") para subir a las ofertas de trabajo por Internet y otros lugares donde el currículo entrará en una gran base de datos.

▶ Para copia impresa, el papel blanco o marfil de buena calidad da la mejor presentación profesional. Asegúrate de que el color es lo suficientemente claro como para copiarse bien.

▶ Sin errores de ortografía.

▶ Usa un resumen seguido de un sencillo formato cronológico. Nadie va a leer tu currículo si le cuesta mucho unir todas las partes. Observa a un reclutador experto. Va al trabajo más reciente y empieza a leer desde allí. Si la información de tu trabajo no empieza hasta la página dos, has desperdiciado una página entera.

Estas pautas reflejan nuestro conocimiento, en este momento, del diseño eficaz de un currículo. Los cambios en el mercado de trabajo, tecnología, reglamentos y procesos de contratación empresarios siguen modelando nuestras recomendaciones. También hay muchas opiniones en cuanto a las mejores prácticas para redactar currículos, y nadie tiene la única respuesta correcta. Ni siquiera nosotras.

La Búsqueda de Empleo y los Currículos Hoy en Día
QUÉ SE USA Y QUÉ NO

SE USAN
- Las declaraciones de posicionamiento
- Biografías profesionales
- Perfiles integrales en Linkedin
- Direcciones personalizadas de Linkedin incluidas en los currículos, tarjetas de presentación y firmas de correo electrónico
- Palabras claves en contexto (KWC)
- Firmas de correo electrónico con información de contacto en mensajes iniciales y de respuesta
- Apéndices en el currículo para proyectos, negocios y otros detalles
- Enlaces a los portafolios electrónicos en los currículos de los profesionales creativos
- Papel blanco o marfil para currículos impresos

NO SE USA
- Objetivos egoístas o genéricos
- Currículos funcionales
- Listas de palabras clave
- Pasatiempos e intereses
- Información personal
- «Referencias a solicitud» en currículos
- Papel gris o de color para currículos impresos
- Cartas de referencia físicas

Diseño de Currículo como Comunicación de Mercadeo

> **SABIDURÍA CONVENCIONAL:** Tu currículo es un documento de mercadeo.
>
> **NUEVO PENSAMIENTO:** Tu currículo es un documento de comunicación de mercadeo.

Está muy bien aceptado dentro de la asesoría de carrera e industria de redacción de currículos que tu currículo es un documento de mercadeo. En otras palabras, tu currículo es un documento que tiene que venderte y te presente de la mejor manera. Eso significa que tu currículo debe reflejar tus fortalezas, habilidades, conocimientos y educación. También puede significar el uso de color, gráficos y diseño interesante para que tu currículo llame más la atención.

En teoría, esto tiene sentido. Pero en la práctica, este enfoque simplemente no llega al meollo del asunto.

Empresa versus Creativo

Empecemos por diferenciar los currículos de negocios de los creativos. Casi todos usan currículos de negocios, documentos mecanografiados de 1 a 2 páginas Microsoft Word o en formato PDF. Pocas personas que trabajan en campos creativos como publicidad, diseño gráfico y mercadeo usan currículos creativos. Los Currículos creativos en realidad son partes del «portafolio» que muestran los talentos creativos de las personas incluyendo sus antecedentes, experiencias y educación en presentaciones gráficas o artísticas.

La selección de fuente, color y conceptos visuales son críticos—y hecho por los mismos individuos para mostrar sus capacidades, no contratando a otros profesionales (diseñadores gráficos) para crear sus currículos.

Dominio de la Comunicación de Mercadeo

Un currículo de un típico profesional o ejecutivo es de 1 a 2 páginas bien diseñadas con una fuente estándar, posiblemente con un apéndice. Suponiendo que estás escribiendo tu currículo para un ser humano en lugar de una computadora (que tiene sus propias consideraciones especiales), el diseño de un currículo debe estructurar el contenido y la información para una comunicación y mensajes claros. En el ámbito empresario, esto se denomina comunicaciones de mercadeo o «marcom» y abarca todo, desde folletos a sitios web, a los volantes y la presencia en los medios sociales.

En el desarrollo de este tipo de currículo, el punto más importante a recordar es que estás escribiendo para un cliente. Le estás vendiendo a ese cliente y el producto que estás vendiendo eres tú. Donde esto se pone difícil es al asegurar que el producto—una vez más, tú—soluciona el problema o preocupación del cliente.

Con ese fin, tienes que redactar tu currículo teniendo en cuenta sus necesidades. No importa lo orgulloso que estés de tus logros, si no están de acuerdo con lo que el cliente necesita y quiere, probablemente no sean importantes. Siempre tienes que preguntarte, «¿Qué es lo importante para mi PRÓXIMO empleador?»

Estrategia de Estructura

Esto lleva a la estructuración del documento. ¿Cuánta atención se debe prestar a cada trabajo? No es un documento de igualdad de oportunidades. ¿Tu trabajo actual es el más importante? Eso depende. ¿Llevas en él apenas un par de meses? ¿Fue una interrupción o continuación en tu carrera que no refleja tu siguiente movimiento deseado?

¿Qué tiene que aparecer en la primera página? Es una apuesta segura que si no has atrapado el interés del lector en la primera página, él o ella no llegará a la segunda. Pregúntate lo siguiente:

- ▸ ¿La visualización de la información lleva el ojo del lector al lugar correcto?
- ▸ ¿Tengo que agrupar algunos empleos?
- ▸ ¿Cuál es el orden correcto de mis logros?
- ▸ ¿Tengo que agrupar los logros bajo un solo empleo?
- ▸ ¿Cuál es la mejor manera de resaltar los resultados de desempeño?
- ▸ ¿Los títulos están opacando el contenido?

La maqueta de un folleto efectivo, por ejemplo, se presenta definiendo el espacio donde aparecerá la información. El texto está en un lenguaje inventado que delinea dónde irá, cuánto habrá y de qué tamaño será. Si piensas en tu currículo como un folleto en el que estás diseñando y escribiendo en un espacio, puedes construir un marco para una presentación eficaz.

Los mejores currículos capturan la imaginación y el interés de los reclutadores o gerentes contratantes y provocan su motivación para "comprar".

La Nueva Cara del Reclutamiento

Échale un vistazo a este extracto de una reciente posición publicada por un vendedor emergente de Internet:

¿Cuál es el mejor puesto en la empresa? Es el del principal consumidor de cheesecake. Hombre, ese tipo ya la hizo. Pero el que viene justo después, es el de una persona que crea la lista de características del producto. Ellos aguantan golpes de todas partes y están justo en medio de todos los departamentos, aguantando las observaciones de compras, gestión de productos, operaciones y de esos payasos creativos que hacen las críticas. Para un trabajo como éste, donde vas a asumir la responsabilidad de escribir y editar las características y especificaciones técnicas del producto, y de respetar las pautas de formato, contenido y estilo, prestando atención a la utilidad y asegurando exactitud, consistencia y calidad, tienes que sentirte cómodo con todo tipo de palabras. ¿Ves? Si estuvieras aquí ahora, no habríamos cometido ese error. Porque un candidato como tú tendrá gran atención al detalle y una fuerte ética de trabajo.

Después de esta descripción sigue una lista tradicional de deberes y responsabilidades del trabajo. ¡Y encajan contigo a la perfección! Después de reírte y relajarte, después de haber disfrutado un poco de ligereza en tu aburrida e insatisfactoria búsqueda de empleo, ¿qué haces al respecto?

La descripción de la posición refleja una cultura excéntrica de la empresa, pero no es una broma. Hay responsabilidades bien definidas y competencias requeridas. Tu reto es responder de una manera que refleje no sólo tu calificación actual, sino también tu personalidad y aptitud para el entorno.

Estas son nuestras recomendaciones:

1. Aprovecha tu carta de presentación o carta de transmisión de correo electrónico para que corresponda con el tono inteligente de la parte creativa de la descripción del trabajo. Imagínate en una brillante conversación con el autor.

2. Puesto que a menudo no se leen las cartas de presentación, también querrás transmitir tu humor en tu currículo. La parte superior de la primera página donde recomendamos una sección de «posicionamiento»—o donde ya puedes tener un perfil o extracto—se puede convertir en una respuesta corta, cuidadosamente elaborada y ocurrente.

3. Aunque la descripción del trabajo es divertida, es muy clara en cuanto a la naturaleza y los desafíos del empleo—lo que necesitas saber y lo que necesitas hacer para tener éxito. Tiene muchas palabras claves importantes (como usabilidad, especificaciones técnicas y pautas de estilo) que deben reflejarse a la empresa y su computadora.

4. Finalmente, igual que esta publicación se transforma en una descripción tradicional del trabajo, tendrás que responder también con algo más serio. Necesitas un excelente currículo que exponga tu experiencia, competencias y contribuciones, como siempre. No quieren contratar a un payaso. Sólo quieren engancharte con un poco de humor.

Empieza Pensando en la Audiencia

SABIDURÍA CONVENCIONAL: Los currículos son para presumir lo que has hecho.

NUEVO PENSAMIENTO: La persona que lee tu currículo quiere saber: "¿Qué puedes hacer por mi empresa?" "¿Por qué debería pagarte todo este dinero?" "¿Por qué debería confiarte este trabajo?"

Tal vez las preguntas más frecuentes de los clientes que están desarrollando currículos giran en torno a determinar lo que deben incluir. No podemos dejar de repetir en todos los tonos, «¿Qué es importante para tu cliente?» Sea tu posicionamiento en la parte superior, la descripción de los empleadores o puestos de trabajo, tus logros o credenciales, cada pieza de información de tu currículo debe ser filtrada a través de la pantalla de la audiencia para la que estás escribiendo —tu próximo empleador.

Ventas 101

Tu currículo es un documento de mercadeo. Cualquiera que esté en ventas te dirá que al cliente le preocupa solo una cosa: qué gana él. Sin embargo, incluso los vendedores experimentados y exitosos parecen olvidar esta realidad al escribir sus propios currículos: nunca vayas a ver a tu cliente vendiendo lo que tú quieres vender. Un buen currículo debe llevar a tu cliente por el camino a lo que quiere comprar— es de esperar que seas tú.

La clave es entender lo que el cliente quiere comprar y luego alinearte—tu experiencia, tus logros, tus características personales—con eso. Una persona con una gran lista de logros sin concentrarse en el cliente está diciendo esencialmente a la empresa, "Mira a todas las grandes cosas que he hecho. ¿Qué trabajo tienes para mí?" No importa lo orgulloso que estés por un logro una habilidad, no es relevante a menos que se relacione con el trabajo que hay que hacer. Además, ten en cuenta que no puedes crear un gran currículo si no sabes lo que buscas en un trabajo. Lo único lo que estás diciendo es, «¡Por Dios! Por favor, dame un trabajo.»

En Realidad, No se Trata de Ti

Por desgracia, muchos hablan sobre sí mismos en sus currículos con un enfoque interno, un énfasis en su trayectoria de carrera y los detalles de sus logros, su visión de lo que es importante. Es una gran biografía pero no un buen documento orientado al cliente. ¡Noticia de última hora! El currículo no se trata solo de ti. Se trata de ti solamente en el contexto de lo que al cliente le interesa comprar.

A esto lo llamamos tu "posicionamiento". En mercadeo, posicionamiento significa el proceso mediante el cual los vendedores intentan crear una imagen o identidad en las mentes de sus mercados objetivo para sus productos, marcas u organizaciones. El posicionamiento es extremadamente útil para describir la alineación de tus talentos con las necesidades de la organización y para destacar el valor de tus aportes. Así es, después de todo, como se hará la elección.

¿Dónde Encaja el Branding?

La creación de "marcas" para los buscadores de empleo es un pasatiempo popular para oradores, autores y consultores de carrera en estos días. En nuestra opinión, sin embargo, la mayoría de estos expertos confunden marca con posicionamiento. Las personas en transición de carrera o búsqueda de empleo deberían preocuparse más por el posicionamiento que por la marca. Los propietarios de pequeñas empresas tienen la tarea más complicada de determinar si el foco debe estar en el branding o el posicionamiento, para ellos mismos o sus negocios o ambos.

Una marca, a diferencia del posicionamiento, es la identidad de un determinado producto, servicio o negocio reflejado en un nombre, signo, símbolo, combinación de colores o lema. Una marca protegida legalmente se llama una marca comercial o marca de servicio.

Las marcas personales más eficaces generalmente reflejan una metáfora completa. Estos son algunos ejemplos relevantes que hemos encontrado:

- ▶ Quiropráctico corporativo: Ayuda a alinear una corporación de arriba a abajo
- ▶ Flying Ace en el mundo del liderazgo de TI: Pilotea la innovación para beneficiar los resultados
- ▶ Atleta corporativo: Ayuda a las empresas a cruzar la línea de meta
- ▶ Mujer del renacimiento: Ayuda a RH y la empresa en varias disciplinas y temas

En última instancia, el branding es una pieza del rompecabezas, pero es mucho más probable que una declaración de posicionamiento te consiga el empleo que quieres.

Identificación de Palabras Clave de Posicionamiento

Cuando empieza una búsqueda de trabajo, los gerentes contratantes tienen unos elementos claves que son esenciales para sus decisiones de contratación. Esta lista puede ser consciente o inconsciente («lo sabré cuando lo vea»). Y con frecuencia, esta lista no es exactamente igual al conjunto de habilidades estándar para la posición. ¿A quién realmente está tratando de contratar esta persona? ¿Cuáles son las habilidades y características que marcan la diferencia con el gerente contratante? Tendrás que crear una lista de palabras clave que se alineen lo mejor posible con ellas. Si no coinciden perfectamente, está bien ignorar lo que falta. Un buen lugar para empezar tu investigación es leer cuidadosamente las ofertas de trabajo u otra información sobre esta o posiciones similares.

Muchos de los trabajos que solicites pueden necesitar pequeñas modificaciones en tu currículo para venderte con eficacia. Eso no significa que tengas que crear currículos totalmente diferentes para cada posición. Para tener un buen currículo multipropósito, haz uno básico basándote en algunos trabajos específicos que quieras. Luego adáptalo un poco a tu audiencia cuando puedas. Recuerda, siempre hay un cliente allá fuera. Tu trabajo consiste en identificar lo que el cliente quiere comprar y venderte.

Los Currículos Funcionales Basados en Habilidades Son Obsoletos

> **SABIDURÍA CONVENCIONAL:** Usa un currículo funcional para resaltar tus talentos y habilidades transferibles.
>
> **NUEVO PENSAMIENTO:** No—NO—uses jamás un currículo funcional, especialmente cuando buscas un cambio de carrera o si tienes brechas o problemas en tu experiencia. No engañas a nadie.

Crear un currículo atractivo cuando buscas un cambio de carrera, o cuando tienes discontinuidades o problemas en tu trayectoria laboral, es todo un reto. En un intento de solucionar este problema, los "currículos funcionales" fueron creados hace más de 50 años por las empresas de recolocación para destacar habilidades transferibles. Un currículo funcional, lo contrario de un currículo cronológico, destaca las competencias específicas, logros y habilidades de liderazgo. Está diseñado para que el lector no vea donde trabajó una persona hasta la mitad de la página o en la segunda página.

Teóricamente Es una Buena Idea, Pero…

En la práctica, las personas que están contratando odian los currículos funcionales. Pregúntales a los reclutadores y los gerentes de contratación, y no dudarán en mencionar su profundo desagrado por los currículos funcionales. De hecho, muchos reclutadores te dirán que en cuanto ven un currículo funcional piensan, "¿Qué está ocultando?" Sería como si tú mismo tirases tu currículo a la papelera. Reconstruir un currículo funcional desconstruido no vale el tiempo del reclutador. Ten en cuenta que los currículos funcionales fueron creados por personas que en realidad no contrataban.

Los currículos funcionales generalmente se estructuran con listas con viñetas categorizadas de logros—como habilidades de comunicación, habilidades de ventas o habilidades de liderazgo—que normalmente ocupan la mitad o más de su currículo. La trayectoria laboral, que muestra los empleadores, trabajos y fechas, generalmente está atiborrada en la parte inferior. La intención es destacar las capacidades y aportes, minimizando (a) la falta de conexión entre la carrera previa del individuo y la nueva dirección; o (b) una progresión de trabajo mediocre o incoherente.

Tres Pasos para Preparar un Currículo Cronológico Efectivo

A los reclutadores y los gerentes no les gustan los currículos funcionales, pero tampoco les gustan las discontinuidades. Pero muchas personas que buscan trabajo tienen blancos en sus currículos que deben manejarse. Puesto que ya hemos establecido que no hay que presentar currículos funcionales, ¿qué pueden hacer los que buscan empleo con carreras menos que perfectas con un currículo cronológico?

Sigue estos tres pasos:

1. Estructura tu currículo de modo que transmita tu mensaje. Puedes usar agrupaciones "funcionales" de las responsabilidades y logros en el contexto de un trabajo en particular.

2. Selecciona cuidadosamente las responsabilidades y logros que mejor reflejan tus habilidades transferibles y asegúrate de que se destacan. Puede que necesites revisar todos tus trabajos, desenterrar las competencias que están relacionadas con el trabajo al que estás apuntando y concentrarte en esos para reconstruir tu trayectoria laboral.

3. Revisa las actividades profesionales y comunitarias importantes que te den la oportunidad de mostrar estas habilidades y cerrar las brechas de tu carrera.

Lo que debería surgir son los temas relevantes para su próximo trabajo o nueva dirección de carrera. Podrías considerar usar negrita o destacar cierta información para hacer más visibles los temas.

Cuando tu experiencia previa de trabajo no es compatible con tu nueva dirección de carrera, considera agregar la palabra "Objetivo" al titular en tu perfil o sección de posicionamiento. Eso ayuda para indicar al lector que puede existir una desconexión entre lo que estás apuntando y tu trayectoria laboral a continuación. Aunque, como norma general, las declaraciones de objetivos son egoístas y deben evitarse a toda costa, esta es una situación en la que aconsejamos usarlas.

Entonces, no te sientas atraído por un currículo funcional. Si tienes una trayectoria laboral problemática o estás cambiando de campo, de todos modos, el currículo solamente no va a ser la principal fuente de generación de interés. Por el contrario, debe servir como una convincente "historia" para cuando hablas con alguien a través de tus redes y buscas presentaciones y otras conexiones.

La Longitud Correcta
de un Currículo

SABIDURÍA CONVENCIONAL: Hay una longitud adecuada para un currículo. Tiene que ser de una página. Tiene que ser de dos páginas. Si tiene más, es mejor. Un currículo de tres páginas es tabú.

NUEVO PENSAMIENTO: Nada es tabú si lo presentas correctamente.

Con respecto a la longitud de un currículo, no hay ningún área de redacción del currículo en el que las personas estén más seguras sobre sus opiniones, y hay más opiniones de las que podemos contar. Como regla general, pero no es obligatorio, un currículo debe ser de no más de una o dos páginas. Dicho esto, un currículo de tres páginas no es tabú. De hecho, nada es tabú si lo presentas correctamente. Todo depende de cómo presentes tu información, y si lo que estás incluyendo agrega valor.

Hazlo (Relativamente) Corto

En general, los currículos de negocios son de una a tres páginas. Dos páginas son el estándar para ejecutivos y profesionales de nivel superior. Los candidatos de nivel de comienzo de carrera, profesionales altamente especializados y en ocasiones muy altos ejecutivos pueden tener currículos de una página. De vez en cuando se necesitan tres páginas para cubrir los logros relevantes y significativos en posiciones iniciales de la carrera. A los reclutadores de talento técnico superior no parecen molestarles los currículos más largos, pero esto es una excepción a la norma.

Además, no todos los empleos son iguales. Los trabajos más antiguos o menos interesantes deberían tener menos atención y menos «relevancia» que los puestos de trabajo actuales o más importantes. Asegúrate de entender qué información va a ser más importante para el lector, especialmente para la selección inicial. Si puedes consolidar información sin excluir nada importante, hazlo. Si tu currículo realmente necesita tres páginas, entonces no dudes en presentarlo así.

Cuándo Usar Apéndices

Si trabajas en una industria que incluye proyectos de gran escala—por ejemplo, proyectos de ingeniería, consultoría, negocios financieros, juicios, proyectos de construcción a gran escala—puede ser necesario sacar la información detallada e incluirla en un apéndice. Los apéndices también son útiles para las largas listas de afiliaciones profesionales, numerosas publicaciones, compromisos, o cobertura de los medios. El apéndice puede ser parte integral de tu currículo como una tercera página, o puede ser un documento separado. En ocasiones, podría tener más de un apéndice.

También pueden crearse y organizarse apéndices para audiencias específicas. Se puede elegir los elementos según que sea más relevante por industria, tipo de proyecto o tamaño. La información clave puede incluirse en el currículo principal.

Curriculum Vitae (CV) vs Currículo

A menos que vivas en Europa, donde los CVs son una combinación de CV y currículo, éstos son dos cosas diferentes. En los Estados Unidos, un CV es un documento de acreditación utilizado por los investigadores, científicos y académicos para documentar su educación, becas, publicaciones, conferencias, proyectos, dónde han trabajado, y con quién y bajo la supervisión de quién han trabajado. Un académico competente podría tener un CV de cinco a quince páginas—o más—si ha sido un prolífico escritor y conferencista. Así que, cuando se trata de currículos, cortos es mejor, pero no a expensas de dejar fuera información crucial.

Eliminando los Primeros Años

SABIDURÍA CONVENCIONAL: Está bien quitar cualquier cosa anterior a los 10 ó 15 años de tu currículo, porque nadie te va a contratar por algo que hiciste hace tanto tiempo.

NUEVO PENSAMIENTO: Tu trayectoria laboral más antigua tiene que figurar en tu currículo, aunque con menos énfasis, porque si lo omites, el lector se preguntará qué falta y por qué.

En cuanto a lo que se debe incluir en tu currículo y lo que no, hay una creencia generalizada estos días que solo son importantes los últimos 10 o 15 años. El argumento es que nadie te va a contratar basándose en una información tan antigua. Y puesto que la información no es relevante de todos modos, eliminar los primeros años de tu carrera podría ser una buena manera de reducir tu currículo a dos páginas.

Mantén Bajo Control la Imaginación

Si crees que esos años no importan, piensa otra vez. Si eliminas todo excepto los últimos 10 o 15 años de tu carrera, un reclutador o gerente sabrá que falta algo y se preguntará qué quieres ocultar.

Por ejemplo, si el trabajo más reciente en tu currículo es "Director de Marketing", el reclutador está consciente de que no empezaste en una posición en ese nivel. Sin quererlo, has despertado la imaginación del reclutador. Él o ella se pregunta, "¿Qué pasó?" "¿Dónde estabas?" y "¿Qué estabas haciendo?" La naturaleza humana llenará el vacío con los peores escenarios posibles. ¿Estuviste en rehabilitación? ¿Estuviste una temporada tras las rejas? ¿Tienes 93 años?

Por desgracia, dejar los primeros años de tu carrera fuera de tu currículo llama la atención del lector a la parte que legítimamente debe llamar menos la atención. En vez de lograr que el lector se concentre en tus actuales funciones y aportes, que es tu intención original y al menos en parte la razón por la que omitiste tus primeros años en primer lugar, el lector se atasca en algún lugar del inframundo de tu antigua historia. Te acabas de sabotear con tus buenas intenciones.

Consolida, No Elimines

Entonces, ¿qué puedes hacer para asegurarte de que la atención se quede en las cosas correctas? No elimines. En cambio, consolida. Tu currículo no es un documento de «igualdad de oportunidades.» Probablemente encuentres que la mejor manera es simplemente enumerar las empresas y títulos del trabajo en orden cronológico, con o sin fechas, sin descripciones largas. También puedes resumir empleos en un par de oraciones, por ejemplo «progresó en la escala jerárquica de la organización financiera de IBM, hasta alcanzar la posición de Gerente de contabilidad». Si tuviste un gran logro durante este tiempo, puedes escribir sobre él en una oración adicional, por ejemplo «recibió dos veces el premio Spotlight por la excelencia en liderazgo en 1996 y 1998.» En esta sección también puede presentarse con o sin fechas, especialmente si tu edad es un problema.

Mantén la concentración del lector en lo que tú quieres. Evitar el fantasma de la curiosidad no satisfecha al incluir información suficiente para evitar que el lector se concentre en lo que falta.

Lee las Instrucciones

> **SABIDURÍA CONVENCIONAL:** Las ofertas de trabajo se utilizan para aplicar a puestos de trabajo.
>
> **NUEVO PENSAMIENTO:** Las ofertas de empleo y especificaciones sobre las posiciones proporcionan una increíble fuente de inteligencia de mercado que puede ayudarte a refinar tu búsqueda de trabajo y mejorar dramáticamente tu currículo.

Los empleadores están buscando personas que cumplan los requisitos específicos del trabajo. Cuando el empleador (o su computadora) perciba que eres el candidato más indicado, más interés generarás. La proliferación de los tableros de trabajo y sitios web corporativos con ofertas de trabajo ahora facilitan saber qué quieren los empleadores. Para los ejecutivos, recibir las especificaciones de la posición por parte de los reclutadores de búsqueda de ejecutivos sirve al mismo propósito. Así que, cuando te llame un cazatalentos, asegúrate de conseguir las especificaciones y conservarlas para referencia futura, independientemente de tu interés en ese momento en ese trabajo en particular.

Cómo Usar las Ofertas de Trabajo para Investigación de Mercado

Las especificaciones y las ofertas de trabajo proporcionan un sustituto de la investigación de mercado. Cómo se hace:

1. Encuentra de tres a cinco anuncios que cumplan con los siguientes criterios: a) estarías interesado en el trabajo, b) crees que estás calificado, y c) crees que el empleador te consideraría calificado. No te preocupes por la zona

geográfica. Para la investigación, no importa si el trabajo está en tu ubicación o a miles de kilómetros de distancia.

2. Analiza cada trabajo con atención al título del trabajo, responsabilidades del trabajo, los requisitos del candidato y el lenguaje que usa el empleador para describir esas cosas. También ten en cuenta los temas consistentes entre los diferentes puestos de trabajo. Ahora tienes las instrucciones para escribir tu currículo y las respuestas sobre lo que debes incluir.

3. Usa tu investigación para crear o modificar tu currículo y carta de presentación para que refleje el trabajo objetivo tal como lo describen las empresas contratantes. Selecciona palabras clave relevantes que debes incluir.

Al hacer tu investigación, ten en cuenta que no todo en una descripción del trabajo es importante. Cierta información incluida por RH se refiere a las consideraciones de grado de trabajo y el cumplimiento de normas legales. A veces una descripción del trabajo es una aglomeración de «de todo como en botica» que alguien (o muchos) creen que debe tener el candidato ideal. Relee la descripción del trabajo y marca los elementos que crees son clave para la persona que realmente quieren contratar. Además, ten cuidado con las palabras como liderazgo, comunicación y habilidades interpersonales. Todos los empleadores dicen que las quieren, y todos los candidatos dicen que las tienen. Trata de entender explícitamente qué tipo, por ejemplo, de habilidades de comunicación está buscando el empleador. ¿Están hablando de habilidades de presentación, comunicaciones con el cliente, o gestión de empleados?

Este ejercicio tiene un beneficio adicional. Algunos descubren que el trabajo que pensaban que estaban buscando no existe, que no paga lo que esperaban, o que no están suficientemente calificados para ser un buen contendiente. Ahora tienen la oportunidad de reorientar adecuadamente sus planes de búsqueda de trabajo.

No Preguntes «¿Qué Puede Hacer Mi Empleador por Mí?»

SABIDURÍA CONVENCIONAL: Todos los currículos deben contener un objetivo diciendo lo que el candidato quiere del trabajo.

NUEVO PENSAMIENTO: Los objetivos egoístas son anticuados y no tienen lugar en el currículo.

Muchos solicitantes de empleo generalmente colocan un área para el «objetivo» en la parte superior de sus currículos. A menudo, los objetivos comunican algo como, "Quiero un gran trabajo en una gran compañía con excelente sueldo y beneficios, donde pueda usar mis excelentes habilidades y talentos.»

Aunque para ti puede ser bueno definir tus objetivos, en este momento del proceso de búsqueda de empleo, a los empleadores simplemente no les importa qué quieres. No están en el negocio de la obra social (a menos que, por supuesto, estés solicitando un puesto de trabajo social). Los empleadores contratan porque tienen necesidades específicas. Quieren a una persona debidamente calificada que pueda hacer el trabajo.

Eso no quiere decir que tus metas y objetivos sean irrelevantes. Tus metas, objetivos y las cosas que te motivan son relevantes en otros momento, como durante el proceso de la entrevista, pero no en tu currículo.

Los empleadores quieren saber qué puedes hacer por ellos. Como regla general, en lugar de un objetivo, incluye un título junto con una declaración de posicionamiento que se concentre en tus contribuciones o, al menos, tus habilidades. Esta declaración de posicionamiento debe responder a preguntas como, "¿quién eres tú?" "¿Qué talentos traes a la mesa?" y "¿Cómo puedes aportar a la empresa?"

Excepción a la Regla

La única excepción a esta regla es usar un objetivo cuando hay algún tipo de desconexión entre los puestos de trabajo que solicitas y tu trayectoria laboral. Digamos que has estado en contabilidad, pero ahora quieres trabajar en ventas. Evidentemente, tu trayectoria laboral no incluye ventas. Quieres ayudar al lector a conectar los puntos entre contabilidad y ventas usando un objetivo. En este caso, el objetivo podría ser: «objetivo: ventas de software de contabilidad.»

La Magia de la Palabra Clave

> **SABIDURÍA CONVENCIONAL:** La manera de vencer a las bases de datos es tener las «palabras de moda» adecuadas de tu industria o trabajo en tu currículo y una lista de competencias fundamentales.
>
> **NUEVO PENSAMIENTO:** Las palabras clave tienen que corresponder a tus trabajos objetivo y estar integradas en tu experiencia con la suficiente densidad como para que aparezcan en el cuerpo de tu currículo varias veces durante una búsqueda en una base de datos.

Probablemente te han dicho que los reclutadores usan palabras clave para elegir currículos de los muchos que reciben en línea o almacenan en sus sistemas de seguimiento de solicitantes (ATS). Eso es verdad. Hacen búsquedas por parámetros. En otras palabras, escriben palabras claves relevantes y las corren contra sus bases de datos para encontrar currículos con esas palabras clave. Y quieren ver esas palabras clave en el contexto de tu experiencia real, no sólo en listas. Eso se conoce como palabras clave en contexto.

Por Qué No Puedes Vencer al Sistema

Digamos que un reclutador para la industria aérea está buscando un gerente para su departamento de contabilidad de ingresos. El reclutador podría escribir «gerente de contabilidad de ingresos» y «línea aérea». Tal vez los sistemas encuentran unos 5.000 currículos, entonces el reclutador reduce la búsqueda agregando una zona geográfica específica, digamos, Florida. Para refinar la búsqueda, el reclutador podría añadir otros criterios o un título universitario a los parámetros de búsqueda. Casi todos los sistemas resaltan los parámetros de búsqueda que seleccionan, generalmente en amarillo. El reclutador se fijará cuánto "amarillo" hay en la página, y también con cuánta frecuencia aparecen sus términos de búsqueda específicos, o palabras clave. En sistemas más sofisticados, se le asigna una jerarquía según cuánto coincida con los criterios de búsqueda.

Aunque esto suena muy técnico, en última instancia, los seres humanos, no las computadoras, realizan las búsquedas. Las computadoras hacen lo que se les dice que hagan y el reclutador es el que les da las instrucciones. Ellos eligen las palabras clave. Y cada reclutador lo hace de una manera algo diferente. Así que, al final, no puedes adivinar los caprichos del comportamiento humano.

Además, los sistemas de seguimiento de solicitantes tienen "inteligencia" incorporada en forma de complejos algoritmos para determinar cuáles currículos selecciona una vez que se han introducido las palabras clave. Así que, a menos que planees trabajar para una empresa que desarrolla este software, usarás mejor tu tiempo en otra cosa y no en descifrar las reglas.

Un poco de ayuda está en camino, pero todavía está en su infancia. Se está desarrollando un software que te permitirá hacer una prueba de tu currículo contra una descripción de la posición específica. Con este análisis, puedes adaptar tu currículo para aumentar tus probabilidades. Con el tiempo, estas aplicaciones serán más confiables y accesibles.

Cómo Aumentar las Probabilidades

Ponte en el lugar del reclutador. Teniendo en cuenta la empresa y el trabajo, ¿qué palabras clave crees que probablemente busque el reclutador? Esas son tus «palabras calientes». Es posible que no tengas ni idea de qué palabras clave buscará. Está bien.

Hay dos maneras de averiguarlo. En primer lugar, si conoces un escritor de currículos o reclutador, es posible que te puedan ayudar. Muchos usan regularmente listas de palabras para ciertos tipos de industrias, profesiones y empleos. Alternativamente, podrías encontrar una lista preparada de palabras clave en una búsqueda en Internet.

En segundo lugar, puedes crear tu propia lista investigando anuncios en los tableros de trabajo o sitios web de empresas. Las descripciones de trabajo generalmente ofrecerán temas coherentes, descriptores, palabras y lenguaje que tienes que incorporar en tu lista de palabras clave. Se pueden encontrar en los títulos del trabajo, responsabilidades de trabajo y las calificaciones del solicitante.

¿Hay alguna manera que sea mejor que otra? En nuestra opinión, la investigación de palabras clave en las ofertas de trabajo real es mucho más eficaz que sacarlas de una lista genérica. Las palabras clave serán más apropiadas y estarán mejor alineadas con los trabajos que te interesan.

Una vez que hayas desarrollado tus palabras clave, inclúyelas varias veces en el cuerpo de tu currículo. Por ejemplo, una gerente de proyecto compartió su currículo con nosotros, ¡y descubrimos que las palabras «gerente de proyecto» en realidad nunca aparecían en ninguna parte del currículo! Así que le hicimos algunos cambios. Por ejemplo, en su descripción de trabajo donde decía "Dirigió el equipo que desarrolló…," lo cambiamos por "Trabajó como Gerente de proyecto para el equipo que desarrolló…" Ya te puedes dar una idea. Por supuesto, es importante describir fielmente tus funciones y responsabilidades.

Otro error común en las personas que buscan trabajo es concentrarse en cómo hacen su trabajo. Si bien es correcto incluir términos como "solución creativa", "transformación" o "probada trayectoria," no deben confundirse con las palabras clave. Los reclutadores nunca buscarían con esos términos. Por el contrario, buscan detalles tales como industria (aerolínea, minorista, telecomunicaciones), función (contabilidad, ingeniería, TI), conocimiento (informes de bolsa, manufactura esbelta, registros médicos electrónicos), o experiencia (gestión de programas, comercio electrónico, creación de marca). Debes incluir los términos completos, así como las siglas utilizadas (registros médicos electrónicos y RME; profesional en administración de proyectos y PGP).

Los reclutadores también buscan con palabras claves en los sitios de medios sociales. Así que además de aparecer en tu currículo, las palabras clave importantes también deben aparecer allí con suficiente frecuencia para que te puedan encontrar.

No Pierdas el Sueño por Tus Palabras Clave

Aunque las palabras clave juegan un papel importante en tu currículo, no te preocupes demasiado por ellas. Los reclutadores utilizan frecuentemente búsquedas de palabras clave para reducir la gran cantidad de solicitantes.

Pero igual tienes las mismas probabilidades que en Las Vegas. Algunos pasan horas perfeccionando sus palabras clave y de todos modos no los llaman. Haz lo mejor que puedas pero no te desesperes. Una estrategia razonable es hacer un buen esfuerzo para poner buenas palabras clave en tu currículo, pero no pierdas tu tiempo tratando de encontrar las perfectas. Las probabilidades de que tu currículo sea el ganador en una búsqueda de base de datos, a pesar de tus esfuerzos, siguen siendo muy escasas.

La Honestidad Es la Mejor Política

SABIDURÍA CONVENCIONAL: Mentir en el currículo casi siempre es intencional, y tiene serias consecuencias para los que son atrapados.

NUEVO PENSAMIENTO: Mentir descaradamente en los currículos generalmente tiene consecuencias, pero la mayoría de los incidentes con adornos o tergiversaciones porque los que buscan trabajo no saben cómo presentar correctamente la información.

Como asesoras de carrera que ayudamos a mucha gente a desarrollar sus currículos y biografías, a estructurar sus mensajes y presentarse de la mejor manera, nuestra primera regla es NUNCA MIENTAS.

Las mentiras te alcanzan. Comprometen tu integridad personal, así como la percepción del mercado de la integridad y el juicio de las personas que te han contratado o quieren contratarte. Esta es una situación de pérdida para todo el mundo. Si no consigues el trabajo siendo quien eres, encuentra otro trabajo o mejora tus credenciales: un título, trabajar más años en el campo u obtener la certificación.

Muchas personas bien intencionadas simplemente no saben cómo describirse articuladamente o estructurar la información para comunicarse claramente. Hay cuatro lugares importantes donde aparece la tergiversación: credenciales, títulos de trabajo, crédito por trabajo o contribuciones y empleadores.

Credenciales

Espera que verifiquen tus credenciales, especialmente los títulos universitarios. Por eso, asegúrate de que toda la información relativa a tu título—programa de estudio, nombre de la Universidad—sea exacta y correcta. Si no tienes un título, no lo digas. Es así de simple. Las empresas que verifican te pedirán tu autorización para obtener esa información. SI no verifican, no creas que estás a salvo. Hay muchas circunstancias que podrían provocar que tu falta de título salga a la luz más tarde, y podría ser provocarte vergüenza, el despido, o algo peor.

Si estudiaste en alguna universidad o tienes licencias inactivas o certificaciones, estas pueden añadir valor a tus credenciales. Por ejemplo, si fuiste a la universidad pero no terminaste la carrera, puedes escribir *Universidad XXXX, programa de Química, 1999—2001*, para mostrar que asististe. Si actualmente estás en un programa de grado, puedes escribir *Universidad XXXXX, MBA esperado en 20XX*. Si has tenido credenciales que ya no están activas, sólo dilo, por ejemplo, *Top Secret Seguridad (inactiva)* o *Licencia Bienes Raíces XXXXXX (inactiva)*. Esto demuestra que sabes las cosas y aprobaste el examen antes, añadiendo credibilidad a tus conocimientos y habilidades.

Otros ejemplos pueden ser:

- *Six Sigma Cinturón Negro esperado en 20XX*
- *Fundamentos de análisis de negocio, Universidad XXXXX, Certificado esperado en agosto 20XX*
- *Programa de medicina, Universidad de Texas en Austin, 105 horas crédito*
- *Cursos de Grado Gestión empresarial, Universidad Estatal de California en Hayward*
- *Completados todos los cursos (60 horas) necesarios para la licencia de bienes raíces de Texas*

Títulos de Trabajo

A menudo la verificación de empleo está automatizada hoy en día, así que es especialmente importante que los títulos en tu currículo, especialmente el de tu trabajo actual o más reciente coincidan exactamente con lo que RH tiene en sus registros. Si tienes un título inusual o que no comunica con eficacia tu función, siempre puedes agregar una terminología descriptiva mientras refleje realmente el trabajo que estabas haciendo, por ejemplo, Gerente de Operaciones [título oficial] y Director en funciones de Producción Esbelta [información descriptiva adicional]. Por otro lado, si tuviste un título de «Gerente», cambiar el título a "Director" o "VP" o cualquier otro título que crees que deberías haber tenido se considera una práctica fraudulenta. Si no crees que tu título refleja correctamente tu nivel de responsabilidad, quizá puedas expresarlo señalando a quién reportabas, por ejemplo, «reportando directamente al Director de Mercadeo,...»

Créditos

¿Te pertenece a ti o a alguien más? Si utilizas la palabra "Yo", con frecuencia—yo hice esto y yo hice aquello—emitirás una señal de alarma. Sin embargo, usar la palabra «nosotros»—hicimos esto y aquello— es igualmente sospechoso. En el primer caso, es probable que se te tache de arrogante e incapaz de reconocer las contribuciones de los demás. En el segundo, probablemente serás etiquetado como un "cobarde" que carece de liderazgo y no ha hecho aportaciones personales a la organización, o tiene miedo de tomar el crédito por sus logros. Si es tuyo, asúmelo. Este es un ejemplo: «Alcanzó el récord de ventas más alto en 2012». Si algo no es totalmente tuyo algo, al menos presenta tu papel en la realización. Podrías decir algo como «Lideró el equipo que alcanzó el récord de ventas más alto en 2012».

Cuando se trata de créditos, hay muchas zonas grises. Si te estás preguntando si debes asumir el crédito por un logro, una buena prueba es preguntarte si tu jefe estaría de acuerdo con lo que estás diciendo. Aunque creas que tú y tu jefe no estarían de acuerdo—por ejemplo, porque piensas que realmente estabas haciendo su trabajo, tu currículo no es el lugar para decirlo ni faltarle al respeto a tu jefe. Quédate con las formas políticamente correctas para describir lo que hiciste y que reflejen tus excepcionales contribuciones.

Los Empleadores

Esta situación surge más frecuentemente para las personas que trabajaban por contrato ya sea independientemente o a través de una empresa de terceros. Cuando presentes tu empleo, aclara para quién trabajabas realmente, que puede ser diferente de la persona para quien hiciste el trabajo. Por ejemplo, si te contrataron para trabajar en un proyecto en Microsoft, no trabajaste para Microsoft. Si no estás seguro en cuanto a tu empleador actual, simplemente mira tu cheque de pago. La empresa que te paga es para la que trabajas. Si te has contratado independientemente, habrás facturado a la empresa por el trabajo y recibido un 1099 al final del año. Evita llevar al lector a la conclusión de que en realidad trabajaste para una compañía cuando no estabas en la nómina. Será inmediatamente obvio cuando alguien intente verificar tu empleo, y la empresa no te tenga registrado.

Recomendamos estas formas de enumerar correctamente los trabajos por contrato en tu currículo.

- ▶ Menciona al tercero como tu empleador y al trabajo como una "misión" en la empresa contratante.
- ▶ Menciona a la empresa contratante, y al principio de tu descripción de trabajo, di que trabajaste por contrato a través de terceros.
- ▶ Si trabajaste para diferentes empresas de terceros por periodos cortos, lo que es común en la contratación de técnicos, agrupa las tareas para facilitar la comprensión de tu trayectoria como contratista.

▶ Usa "Contratista independiente" o el nombre de tu propia empresa como tu empleador si te han contratado independientemente y menciona el trabajo como «contratación».

El refrán "la honestidad es la mejor política" es cierto en muchas áreas de nuestras vidas, incluyendo las áreas relacionadas con nuestras carreras. Resiste el impulso de tergiversar, embellecer o mentir en tu currículo. Es más problema ahora o en el futuro y no vale la pena.

¿Verdad o Consecuencia? Abordar las Brechas en Tu Historial Laboral

---

SABIDURÍA CONVENCIONAL: Usa un currículo funcional o menciónalo en tu carta de presentación.

NUEVO PENSAMIENTO: Disimula la brecha donde puedas. Luego establece una estrategia firme y honesta para el resto.

¿Brechas en tu currículo? ¡Oh, no! Si bien las brechas de empleo son mal vistas por los reclutadores, hay muchas razones por las que podrías tenerlas en tu currículo.

- ▸ Tiempo libre para criar a tus hijos
- ▸ Cuidado de padres ancianos o enfermedades familiares
- ▸ Problemas de salud personales
- ▸ Educación complementaria
- ▸ Licencia (trabajo en una misión, viajar alrededor del mundo)
- ▸ Despido y entre trabajos
- ▸ Despedido debido a irregularidades realizadas por ti o con las que estuviste vinculado
- ▸ Encarcelamiento (Sí, éste es realmente difícil)

Puesto que los empleadores y los reclutadores a menudo tienen una inmediata reacción negativa a las brechas obvias, debes tener una estrategia sensata y bien pensada para presentar tu trayectoria, tanto en tu currículo como durante la entrevista. Puesto que hay muchas razones por las que una persona puede estar fuera del trabajo por un período prolongado, las soluciones también variarán dependiendo de la situación. Sin embargo, hay algunas pautas generales que te ayudarán a disminuir el posible perjuicio o molestia y te ayudarán a tener más confianza en todo el proceso.

Cinco Opciones para Presentarte de la Mejor Manera

Aquí hay cinco opciones para crear una buena primera impresión en tu currículo. Lo que hagas dependerá de tus circunstancias específicas. Incluso podrías usar una combinación de estas estrategias.

1. *Solamente años.* Muestra sólo los años de tu empleo, no los meses. A los empleadores no les importan unos meses aquí o allá. Quieren ver un flujo continuo de experiencia. Al no mencionar los meses, puedes cubrir fácilmente varios meses de desempleo.

2. *Consolida los primeros años.* Si la brecha en tu empelo fue varios años atrás, puede camuflarse dentro de un resumen de experiencia y logros anteriores, típicamente de hace más de 10 ó 15 años. Consolida los primeros años para evitar despertar la curiosidad del lector. En cambio, proporciona suficiente información para completar la historia. Algunos ejemplos:

Para un actual Vice Presidente de ventas

Carrera anterior (formato homogéneo como nombre de la empresa) [Con o sin años]

Posiciones en venta y gestión de ventas [empresa A] y [empresa B]. Clasificado continuamente entre el principal 10% de los productores.

Para el actual Director de una Sinfonía Regional:

Experiencia previa: Posiciones de enseñanza universitaria y escuela secundaria en Colegio A, Colegio B y el distrito escolar independiente de Metroplex. También sirvió como instructor de la escuela de comedias musicales de verano Metroplex y como profesor particular de voz.

Para un Ejecutivo de Cuentas de una estación de radio

Posiciones previas   [Con o sin años]

Posiciones de gestión con empresas de contabilidad y empresas de gestión de la propiedad

Esta podría ser la historia completa, o podría enmascarar algunos problemas. No tiene que incluir todas las empresas ni cada trabajo. Incluso es opcional mencionar las empresas. Si te da "pedigrí", menciona sus nombres. A pesar de todo, llena los vacíos de la historia y distrae la atención de lo que pasó en el pasado, que no es por lo que un empleador te está contratando de todos modos.

3. ***Contrato o trabajo a tiempo parcial.*** Incluya cualquier trabajo freelance, asesoramiento o trabajo a tiempo parcial en tu experiencia. Incluye el nombre de la organización, funciones de trabajo, años y la ciudad y estado. Considera a este trabajo como un trabajo regular con las aclaraciones apropiadas en la descripción para que no sea engañoso. Para el título en esta área, usa "Experiencia" en lugar de "Historial de trabajo" o "Experiencia laboral".

Consultor independiente de ventas, Nueva York, NY   [Año—Año]

Empresa cliente / Gerente de desarrollo de ventas

Contratado para la construcción de alianzas y asociaciones estratégicas para una empresa de tecnología. Responsable del desarrollo y negociación de contratos con socios, creación de campañas de mercado y capacitación de personal de ventas sobre los beneficios y características del producto. Armó y desarrolló el equipo de ventas hasta alcanzar $5 millones en ingresos anuales en menos de 2 años y dirigió la transición al equipo desde el contrato a una función interna.

4. ***Trabajo no remunerado.*** Incluye trabajo voluntario, de tutoría, o de autoría en tu sección de experiencia, con el correspondiente reconocimiento de su estatus no remunerado. Esto puede ser un poco exagerado, pero estas experiencias también podrían encajar bien y figurar en tu currículo en orden cronológico. En este caso, para tu trayectoria, usa el título de "Experiencia". Sé creativo y profundiza para identificar algunas de las cosas importantes y productivas que hiciste durante el período "inactivo" en la historia de tu carrera. Es posible que los puedas poner en un formato similar al de tus otros trabajos—con el título del trabajo, nombre de la empresa, descripción del trabajo y fechas—e incluye habilidades positivas que usaste o perfeccionaste.

Hospital St. Mary, Denver, CO   [Año—Año]

Gerente de la Tienda de Regalos

Sirvió como voluntario responsable de la operación de seis días de una tienda de regalos en un gran hospital sin fines de lucro. Las responsabilidades incluían ventas, adquisiciones, gestión de inventarios, contabilidad, presupuestos, provisión y entrenamiento de personal voluntario y relaciones con proveedores. Con la reestructuración de los productos, innovadoras estrategias, y reducciones de costos específicos, la tienda de regalos aumentó sus contribuciones hasta $250,000 por año al centro de rehabilitación para niños.

5. ***Explícalo.*** Presentar una breve explicación al principio de la sección de experiencia, en letra pequeña. En los casos donde has estado completamente fuera del trabajo por razones personales, como el cuidado de padres ancianos o niños enfermos, tu experiencia más reciente de trabajo puede ser hace varios años. Puedes optar por insertar una breve descripción de tu tiempo fuera del mercado laboral, como "Desde 2011, en año sabático por temas familiares personales."

Recuerda que tu currículo es un documento de comunicación de mercadeo que debe enfatizar tus habilidades, capacidades, experiencia y talentos únicos para los reclutadores y posibles empleadores. No hay reglas establecidas sobre lo que se debe incluir o no, cómo debe presentarse y qué puede enumerarse o no, ni dónde. Con temas como una brecha significativa en la experiencia, es más importante comunicar qué valor aportas al trabajo y, si es posible, cómo usaste tu tiempo. Mientras seas sincero, y esté bien elaborado y redactado cuidadosamente, vas a estar bien.

Ahora, la Entrevista

Digamos que atravesaste exitosamente el proceso de selección y reclutamiento y ahora tienes la oportunidad de presentar tus habilidades y capacidades en una entrevista en persona o por teléfono. Puedes esperar dos situaciones: 1) tu currículo no puede camuflar totalmente la brecha en tu experiencia o 2) puede hacerlo.

Si el entrevistador no se da cuenta por tu currículo que estuviste desempleado desde hace unos meses, no ofrezcas voluntariamente esta información. ¿Por qué querrías desviar una entrevista a una discusión que posiblemente puede crear dudas o pasar tiempo en temas improductivos? En cambio, concéntrate en lo que es relevante y por qué eres un gran candidato.

Obviamente, este es el mejor de los casos. Más comúnmente, tu currículo insinúa una brecha o la muestra abiertamente. Los buenos entrevistadores lo van a notar y te van a preguntar sobre eso. Tienes que tener preparada una explicación razonable y creíble. Tus comentarios deben ser breves, al punto y no demasiado reveladores, a menos que sea una rara situación en la que eso te beneficie. Diversas experiencias de la vida y decisiones, como el cuidado de una familia o recuperarte de una lesión, no son necesariamente negativas. Mientras permanezcas ecuánime, positivo y confiado, puedes superar estos peligros con aplomo. Si puedes incluir lo que aprendiste, lo que lograste personalmente, o alguna nueva habilidad que cultivaste, mejor aún.

Pero, ¿qué pasa si estuviste sin trabajar por razones negativas? En ese caso, tienes que tener en cuenta algunas cosas más. El recurso más importante que tienes es la red de personas que conoces, confían en ti y valoran lo que puedes aportar. Su patrocinio y apoyo pueden ayudarte a fortalecer tu credibilidad y valor. Puesto que las redes son clave para conseguir puestos de trabajo, es la súper clave de oro para ti.

Luego, a medida que progreses en el proceso de selección y entrevista, debes manejar esta circunstancia negativa temprano en el proceso y de manera profesional. A nadie le gustan las sorpresas, especialmente tarde, al momento de tomar la decisión de contratación.

Independientemente de las circunstancias de la brecha en tu trayectoria, es obligatorio crear una estrategia viable para abordarla. Entonces, administrar cuidadosamente tus materiales de mercadeo, tus libretos, y tu historia para que todos coincidan, sea veraz y creíble y te mantenga en carrera de la mejor manera posible.

Acerca de Esas "Otras Cosas" al Final de Tu Currículo

> **SABIDURÍA CONVENCIONAL:** A los empleadores les encantan candidatos con trabajo comunitario, aficiones e intereses en sus currículos porque demuestran que son equilibrados y aportan ideas para "charlar".
>
> **NUEVO PENSAMIENTO:** A los empleadores no les importan tus aficiones e intereses personales a menos que se relacionen con tu trabajo o demuestren tu experiencia en liderazgo y tus logros.

Vamos al grano. Hoy en día, las aficiones, intereses e información personal no tienen cabida en un currículo. En el pasado, los entrevistadores a menudo calibraban a los candidatos según sus conexiones y posición social, y muchos de ellos abiertamente los discriminaban por estado civil. Hoy, a nadie le importa. Y aunque así fuera, no se les permite preguntar. La primera regla es que si no se puede preguntar en una entrevista, no debería figurar en tu currículo.

¿Cómo sabes qué es lo que no se puede preguntar? Simple. Si no tiene relación con el trabajo, entonces no es una pregunta legal y no debería hacerse. Mantén la información de tu currículo relacionada con tu trabajo y no pases al territorio personal mencionando cuántos años has estado felizmente casado, las edades de tus hijos, afiliación política o religiosa.

Guárdate la Información Sobre Tus Aficiones

Las aficiones son especialmente tabú. A menos que estés solicitando trabajo en una empresa que fabrica estatuillas de gatos, nadie necesita saber que coleccionas estas bellezas. Comentarios como «disfruta del golf, tenis y la filatelia» podrían ser temas de conversación, pero absolutamente no pertenecen al currículo. La única excepción—y esto es bastante raro por cierto—es si algo sobre esa actividad en particular está directamente relacionado con el trabajo. Por ejemplo, si estás aplicando para una función de desarrollo de negocio de servicios financieros y eres un golfista, puedes ponerlo en tu currículo porque el desarrollo de negocios en esta industria es común en el campo de golf. Sin embargo, no lo catalogues como «afición». Recuerda, a los empleadores no les importan tus aficiones. En cambio, crea una sección de «Credenciales y logros» y pon «Golfista premiado en la Liga X» en esa sección.

Compartir el Servicio Comunitario

Puesto que los currículos deben relacionarse específicamente con el trabajo, deberían incluirse las cosas relevantes como publicaciones, posiciones directivas y conferencias. Además, dado que cada vez más empresas valoran la responsabilidad social y participación en la comunidad, incluir la participación voluntaria en el currículo puede verse como un punto favorable.

Recomendamos utilizar una sección aparte al final del currículo, después de tu educación. Un título como "Actividades cívicas y comunitarias" te permite enumerar tus papeles de liderazgo y logros significativos fuera del trabajo. Estas entradas deben limitarse a aquellas actividades profesionales y comunitarias que tienen que ver con el trabajo y demuestran liderazgo o destacan tu experiencia en tu campo.

Para las aplicaciones en línea, puedes tener limitaciones para incluir estas actividades. La mayoría de los tableros de trabajo te permiten cargar tu currículo, así que el servicio a la comunidad aparecerá exactamente como lo indicas allí. Sin embargo, algunos sistemas exigen introducir los «empleos» uno por vez. En estas situaciones, sugerimos añadir otro «empleo» e identificarlo claramente como servicio comunitario, poniendo «voluntario» como título laboral. Si tuvieras un título real con la organización de voluntarios, es aceptable incluirlo.

Crea un Equilibrio

Independientemente de su importancia y tu contribución, la mayoría de los empleadores considera las actividades comunitarias en segundo lugar. Que las descripciones sean cortas, tengan que ver con el trabajo y se concentren en los logros. Para las organizaciones menos conocidas, ayuda al lector explicando su propósito, por ejemplo la Fundación Sunlight, promueve la adopción de niños con necesidades especiales. Selecciona cuidadosamente las actividades que demuestren liderazgo o logros específicos. Ten mucho cuidado y sé estratégico en el uso de organizaciones religiosas, políticas o étnicas. Normalmente se recomienda omitirlas, pero si quieres transmitir un "mensaje", incluir algo como "Presidente de la cámara de Comercio Hispana" es una forma efectiva de hacerlo.

Si bien los empleadores pueden valorar el servicio a la comunidad, no te dejes llevar y lo hagas parecer como si tuvieras otro trabajo a tiempo completo. A algunos empleadores les podría preocupar contratar a alguien con demasiadas responsabilidades extracurriculares. También, demasiado servicio comunitario podría significar insuficiente tiempo en el desarrollo profesional o actividades de la industria. El mejor enfoque es equilibrar tu tiempo como voluntario entre organizaciones profesionales, de la industria y las organizaciones comunitarias.

Algunas personas que buscan empleo, como ex amas de casa que vuelven al mercado de trabajo, pueden tener una experiencia mínima de trabajo remunerado pero significativas responsabilidades y logros como voluntarias. Honestamente, desde el punto de vista de los posibles empleadores, ser voluntario no es tan bueno como tener un trabajo remunerado. Sin embargo, si esa es la experiencia tienes, es lo que tienes. Puedes agrupar tus habilidades y perfeccionar tu presentación para capitalizar lo que haces bien. Pero reconoce que tu estrategia de búsqueda de empleo tiene que centrarse en la búsqueda de oportunidades a través de tus redes para que tu currículo se convierta en la «historia de fondo» en lugar de la historia «principal». Tu éxito va a depender de que generes interés y entrevistas a través de la gente que conoces y la que ellos conocen, más que de mandar muchos currículos.

Todas esas «otras cosas» al final de tu currículo son importantes, así que piensa bien lo que presentas. Asegúrate de que toda la información que incluyes sea relevante para el trabajo. Él no es el lugar para indicar "Me gusta cocinar," a menos que seas nutricionista, dietista, o chef.

Las Cartas de Presentación
Son como el Perejil

SABIDURÍA CONVENCIONAL: Invertir mucho tiempo y energía en escribir una carta de presentación exquisita marcará toda la diferencia en ser seleccionado para una entrevista.

NUEVO PENSAMIENTO: Las cartas de presentación solo son importantes como «envoltura de regalo» para tu currículo y para dar una buena primera impresión.

Les hemos preguntado a los clientes con responsabilidades de contratación y a reclutadores experimentados qué hacen con las cartas de presentación. La respuesta constante es "no mucho". Los gerentes contratantes a menudo ni siquiera ven las cartas de presentación, especialmente cuando los currículos han sido previamente seleccionados por un reclutador interno o externo.

¿Por Qué Incluir una Carta de Presentación?

Al igual que una portada de fax o una tabla de contenido en un libro, la carta es envasado y presentación. Tiene que estar ahí. Nunca mandarías una propuesta de ventas ni responderías a una convocatoria sin una carta de presentación. Muchos no le dedican mucho tiempo, pero se sienten incómodos si no las ven. Un cliente en particular que intentaba entender este concepto dijo, "¡Ya sé! Las cartas de presentación son como el perejil. Lo pones en el plato para que se vea lindo, pero nadie se lo come".

Una excepción clave son los reclutadores que contratan gente para empleos no profesionales o de nivel básico. A menudo usan cartas de presentación para ver si los solicitantes pueden redactar cartas breves y escribir coherentemente. Por supuesto, esta es sólo una buena prueba si los solicitantes han escrito la carta personalmente—y aun así gran parte de la carta puede haber sido copiada de un libro. Si tienes problemas para redactar una carta o tu español no es fluido, hay un montón de recursos para ayudarte a escribir una buena carta de presentación.

Algunos reclutadores también dicen que usan la carta como una oportunidad para ver si los solicitantes pueden "seguir instrucciones". Si la publicación pide una carta, ¿el solicitante la envía? Ocasionalmente, se leen las cartas de presentación para ver si los solicitantes se han tomado el tiempo para entender los trabajos y reflejarlo de acuerdo con sus propias calificaciones—y este es un buen uso de la carta de presentación.

El valor real de la carta es para ti. Cada vez que escribas una, podrás personalizarla y resaltar tus calificaciones clave para una oportunidad de trabajo en particular. Al pensar en esto y condensar tus pensamientos algunos puntos, adquirirás fluidez para alinearte con las oportunidades y hablar de ti. Y puesto que tiene un público limitado, no importa si lo haces del todo bien.

Ahorra Tiempo, Disminuye la Ansiedad

Piensa en todo el dinero y el tiempo que ahorrarás y la ansiedad que eliminarás ahora que entiendes el uso limitado de tu carta de presentación. No tienes que comprar y estudiar libros como *70 Cartas de Presentación Geniales que garantizan conseguir empleos*. Puedes escribir tu carta de presentación rápidamente y no perder el sueño por ella.

Por otra parte, indudablemente no querrás «guardar» ninguna información importante solo para tu carta—ponla en tu currículo, que es de esperar está siendo leído. Además, una carta de presentación no es el lugar para transmitir la historia de tu vida, información personal sobre tus circunstancias (he cuidado a un padre enfermo durante los últimos 2 años), o cualquier otra cosa que distraiga la atención de tus calificaciones y tu interés en el trabajo.

Hazla Bien, Rápida y Eficientemente

Tu carta de presentación debe ser de una página en un tamaño de punto apropiadamente grande y márgenes para carta. Empezar por escribir una carta con formato tradicional de carta que se pueda imprimir o enviar como un archivo adjunto de correo electrónico. Con pequeñas modificaciones, funciona igualmente bien como el texto de un correo electrónico. Si va a imprimir o enviar como archivo adjunto, será con la misma fuente del currículo con el que va. Si se está incluyendo en el cuerpo del correo electrónico, cualquier fuente y tamaño del valor predeterminado de tu correo electrónico deberían estar bien.

Como objetivo, limita la creación de tu carta de presentación a 5—10 minutos. Cuantas más hagas, más rápido podrás crearlas. También encontrarás el equilibrio adecuado entre la información repetible y la que tiene que personalizarse para cada oportunidad.

Conversión a Correo Electrónico

En un correo electrónico, no se usa la información de contacto en la parte superior, la dirección y la fecha de una carta. Además, se omite la palabra «estimado» del saludo. El cuerpo de la carta es exactamente el mismo. Un correo electrónico requiere un asunto y una "firma". El asunto debe ser simple y directo. Ejemplos de oraciones adecuadas para el asunto son:

- ▶ Referido por (nombre)
- ▶ Tablero de Trabajo (nombre), Anuncio #12345, Título del Trabajo
- ▶ Empleo (título) Posición (u Oportunidad)
- ▶ Según lo indicado en un anuncio

Si estás respondiendo a un reclutador o una publicación, incluye tu nombre al final de la línea de asunto. Esto le facilitará al reclutador recuperar tu respuesta.

Debe crearse una firma de correo electrónico tanto para un correo "inicial" como para la "respuesta". Incluye tu nombre, tu número de teléfono y tu dirección de correo electrónico. Al incluir una firma en todas las respuestas, el receptor tiene acceso inmediato a tu información de contacto y no tiene que estar buscando en toda una cadena de correos electrónicos para encontrarla. Así facilitas que alguien se ponga en contacto contigo.

Pautas para la Carta de Presentación

Recomendamos cuatro párrafos cortos para el cuerpo de la carta de presentación.

1. *Párrafo 1: introducción y declaración de valor.* Expresa el propósito de la carta y tu declaración de la contribución personalizada para la empresa y trabajo. Menciona tus conexiones personales, si corresponde.
2. *Párrafo 2, calificación y alineación.* Abierto con una frase como «soy el candidato ideal para la posición por mi trayectoria y experiencia.» Luego incluye un par de viñetas que resuman tus calificaciones claves que se corresponden con los requisitos del trabajo. Incluye aquí o en el tercer párrafo cualquier requisito confuso o especial que podría dificultar cubrir este trabajo.
3. *Párrafo 3—Información adicional opcional.* Agrega más información que te señale como un excelente candidato, por ejemplo, educación, certificaciones, autorizaciones, idiomas, disponibilidad para viajar o trasladarte.
4. *Párrafo 4—Conclusión.* No te dejes llevar. Asegúrate de incluir tu información de contacto y detalles que les facilite ponerse en contacto contigo.

Las cartas de presentación importan, un poco, pero no van a ser concluyentes en tu búsqueda de trabajo. Cuando estás listo para escribir tu carta de presentación, ¿con qué empiezas? ¿Tu currículo? ¡NO! La oferta de trabajo, especificaciones, o lo que sabes sobre el trabajo y la empresa. Tu carta de presentación debe alinearte con la persona que la empresa quiere contratar. Quieres hacer una primera impresión positiva y profesional y crear el tipo de impacto que atraerá el interés.

A continuación hay un ejemplo de carta de presentación para que veas cómo está redactada.

10 de mayo de 2099
Sra. Helen Hunter
Directora de reclutamiento
Widget, Inc.
1000 Corporate Drive
Big Town, ST 99999

Estimada Sra. Hunter:

Juan Martinez, con quien trabajé en Digital Design, me sugirió ponerme en contacto con usted con respecto a la posición de Gerente de Análisis y Planificación Financiera en Widget. Sé que sería un fuerte colaborador al equipo financiero de la empresa.

Mi trayectoria y experiencia me hacen el candidato ideal para esta posición.

- Tengo más de ocho años de experiencia en finanzas, dos de ellos dirigiendo un equipo de APF.
- Como usuario avanzado de Excel y de software como ABC y DEF, soy eficaz en un entorno donde los complejos modelos financieros son la norma.
- Soy experto en crear relaciones de trabajo con el personal y los ejecutivos de la unidad de negocios.
- He dirigido equipos de alto rendimiento de hasta 6 analistas.

Además, tengo un MBA de la Universidad Top Dog y estoy disponible para viajar según sea necesario.

Espero hablar más con usted acerca de esta oportunidad. Mi currículo está incluido (o adjunto). Puede contactarme en mi teléfono celular 555-555-5555 o por correo electrónico a email@email.com.

Sinceramente,

Gabriela M. Diaz

Gabriela M. Diaz

Con o sin Foto, Esa Es la Cuestión

SABIDURÍA CONVENCIONAL: No incluir fotos en los currículos—es un problema legar para la organización contratante.

NUEVO PENSAMIENTO: Las fotos no deberían incluirse en los currículos, pero deben estar en muchos otros lugares—y debe hacerse bien.

Un querido amigo y ex colega recientemente fue nominado para un premio y estaba pidiendo votos. Sus impresionantes logros en un desafiante campo técnico, acompañados de una foto, se presentaron en el sitio web del concurso. Uno de sus partidarios y amigos le dio su opinión honesta sobre su foto, que compartió con nosotras.

Me alegró a votar por ti. Sin embargo, estoy seguro que perdiste un montón de votos por tu foto. Pareces borracho, con una mandíbula de Neanderthal y con expresión estúpida. La camisa podría haber pasado si te hubiera dado un aspecto inteligente, o si hubieras estado de vacaciones. Pero esa foto fue una mala elección ya que te enfrentas a tipos con doctorados.

¡Ay! Aunque estos comentarios pueden ser un poco exagerados en su franqueza, el punto subyacente es digno de consideración. La gente toma decisiones basándose en tu apariencia. Y si no coincides con lo que esperan, a veces socava tu credibilidad, disminuye tu atractivo y produce "ruido" en el canal de comunicación.

Tu Presentación Profesional

Cada vez que alguien te busca en LinkedIn, tu sitio de Internet o en otros lugares en línea, estarás presentando tu cara profesional al mundo. A menudo, esta es la primera impresión que esta persona tiene de ti. Como asesoras de carrera que con frecuencia aconsejamos a la gente sobre las fotografías, recomendamos que tu foto sea apropiada para tu audiencia. Normalmente, para profesionales de negocios, sugerimos que te inclines a una apariencia profesional conservadora.

A la mayoría de los empresarios les sugerimos ser fotografiado con un bonito traje y corbata, sin vello facial y con fondo liso—ya sabes, una imagen «corporativa». Sí, lo sabemos—el vello facial es una preferencia personal. Simplemente te sugerimos considerar lo que te venderá a tu audiencia. Para la mayoría de las mujeres empresarias, sugerimos una chaqueta a medida o un suéter con una simple blusa debajo, cabello bien peinado y maquillaje y joyas que no distraigan. Si la imagen corporativa no es adecuada, sugerimos un look casual de negocios apropiado para tu profesión. Hay algunas excepciones. Las personas muy respetadas, ampliamente conocidas, pueden usar fotos más casuales en casi todos los casos. Ante la duda, usa lo que te pondrías para una entrevista y asegúrate de que la fotografía proyecte el profesionalismo y la energía que querrías transmitir a un entrevistador.

¡Tu Foto Está en Todos Lados!

Hubo un tiempo cuando los currículos rutinariamente incluían fotos del rostro, especialmente los de ejecutivos y aspirantes a profesionales. Luego vinieron las leyes contra la discriminación y la Comisión Estadounidense para la Oportunidad Equitativa en el Empleo y los currículos fueron despojados de las fotografías para evitar incluso un indicio de incumplimiento. Algunas empresas inmediatamente descartaron los currículos que contenían fotos. Aunque en Estados Unidos la mayoría de las empresas no guardan fotos en sus sistemas de seguimiento de candidatos, eso no impide que los reclutadores y gerentes quieran ver fotos. Sólo porque tu foto no esté en tu currículo, eso no significa que no pueda encontrarse fácilmente. Gracias a los medios de comunicación social, las fotos están en todas partes. Aunque los reclutadores no puedan obtener oficialmente tu foto, la pueden encontrar a través de sus cuentas personales de los medios de comunicación social. Por cierto, las reglas son diferentes fuera de los Estados Unidos.

Durante muchos años, las empresas han adoptado la filosofía de que la "interfaz del usuario" es, en realidad, la cara de la empresa. Dicha interfaz puede ser una recepcionista en el teléfono, la página de inicio de la compañía en Internet, los sistemas automatizados con los que hacen negocios, e incluso su logotipo y marca. Aplicando este principio a ti personalmente, tu foto es parte de tu "marca" y una interfaz importante a tu mundo profesional—para la búsqueda de empleo y también para los negocios. Más importante aún, tu foto te da la oportunidad para hacer una buena primera impresión.

Así que mientras poner una foto en tu currículo no es una opción, quieres que tu foto se pueda encontrar y quieres que represente la marca que pretendes. Los lugares importantes para las fotos profesionales son LinkedIn, tu biografía, y sitios web personales o empresariales. De hecho, los reclutadores, ejecutivos contratantes y redes de contactos con frecuencia van a estos lugares para ver tu foto. Las fotos que publicas en Facebook, en un sitio de citas, o te has hecho tomar profesionalmente para tu compromiso no son buenas opciones. Incluso algunas fotos tomadas profesionalmente, incluyendo aquellas tomadas por los fotógrafos corporativos que vienen en el día de la foto del ejecutivo, podrían no presentarte en tu mejor momento. Una mala foto es peor que ninguna foto. Tómate el tiempo para hacerla bien.

Seis Consejos para una Buena Foto

Una foto profesional del rostro debe recortarse a la altura de la parte superior de los brazos y enfocar bien la cara. Es un *retrato*, después de todo, no una foto de la portada de un libro. La mayoría es rectangular verticalmente, pero necesitarás un formato cuadrado para LinkedIn. Algunas pautas adicionales a tener en cuenta.

1. Un fotógrafo profesional o un familiar o amigo con experiencia en el uso de una cámara puede tomar una foto del rostro. A pesar de todo, el refrán «una imagen vale mil palabras» se aplica aquí. La gente hará juicios instantáneos sobre ti cuando vean tu foto.

2. Si la foto no la toma un profesional, tratar de encontrar a alguien que pueda transformar el fondo a un color liso con Photoshop. Para la mayoría de la gente, el gris claro funciona mejor. Sin embargo, beige o azul claro pueden ser mejor para otros. A alguien familiarizado con Photoshop sólo le llevará unos minutos eliminar de la foto tu oficina, el manto de la chimenea, el perro, los arbustos o el marco de la puerta.

3. Incluso algunas fotos profesionales, como las tomadas para sitios de citas o tus celebraciones personales, pueden no ser apropiadas para fines de negocios. Piensa en tu pose con antelación y no cuentes con que el fotógrafo lo haga. Para obtener una idea de lo que funciona, echa un vistazo a los perfiles de tus colegas y competidores en LinkedIn y fíjate cuáles crees que comunican mejor.

4. Ropa en general: Usa lo que usarías para una entrevista.

5. Vestimenta para las mujeres: La ropa debe ser a medida y no debe distraer. Usa ropa a la moda está bien. El color está bien—los sólidos son los mejores. Está bien usar joyas. Sólo asegúrate de que sean discretas. Generalmente una chaqueta o suéter con o sin blusa debajo fotografían bien. Los cuellos de las blusas raramente caen bien, no reflejan bien la estatura profesional y pueden  fácilmente volverse anticuados a medida que cambian los estilos. Cualquier color, estilo o joyas que uses deben complementar tu estilo personal. Presta

atención a tu peinado y maquillaje para que sea adecuado para la fotografía. El maquillaje puede ser más acentuado que el de todos los días para resaltar tus facciones. Podrías pensar en tener un peinado y maquillaje profesional.

6. Vestimenta para hombres: El atuendo estándar de negocios—traje y corbata, casi siempre es apropiado. Elige colores que complementen tu tez y estilo personal. Inclínate por el estilo conservador. Asegúrate de que el cuello de la camisa y el nudo de corbata se ubique perfectamente en el cuello. Si no sabes cómo elegir la ropa adecuada o tienes dificultad con la combinación, busca orientación en una buena  tienda de ropa para hombre. Hazte un buen corte de pelo profesional. Asegúrate de estar bien afeitado—nada de sombra de las cinco de la tarde a menos que estés buscando trabajo como modelo o actor.

En definitiva, quieres que tu foto proyecte poder personal, la energía y el entusiasmo que la gente quisiera tener en un colega. La persona que vea la foto debe sentirse atraída por ti. Tu foto debe causar la misma impresión que querrías dar en persona en una entrevista. Prepárate y luego relájate y deja que el fotógrafo haga su trabajo.

¿Qué Tienen de Malo los Currículos de los Recién Graduados?

SABIDURÍA CONVENCIONAL: La trayectoria laboral es el núcleo de todos los currículos.

NUEVO PENSAMIENTO: Los graduados deben resaltar su educación, no sus trabajos a tiempo parcial.

Los currículos de los recién graduados no deben ser, ni siquiera tratar de parecer, como los currículos de las personas con experiencia laboral. ¿Por qué? A menos que planees tener una carrera en el comercio minorista, comidas rápidas, o archivo y fotocopias, a los empleadores no les importa la mayoría de los trabajos a tiempo parcial excepto para demostrar que tienes la energía y la ética de trabajo para ayudar a financiar tu educación.

Cuando compartimos esta declaración en una conferencia para estudiantes de periodismo, un joven preguntó, «¿y mi trabajo en la librería?» Nuestra respuesta fue, «¿piensas tener una carrera en el comercio minorista o la industria de la edición?» Admitió que no. "Entonces, ¿por qué querrías destacar en tu currículo tu trabajo en la librería?»

El problema con casi todos los currículos de los recién graduados es que tratan de parecerse a los currículos de gente experimentada con años de trayectoria laboral. Así, el graduado pierde la oportunidad de resaltar su reciente educación y promesa para su futuro. Los empleadores están interesados principalmente en el potencial de un graduado— habilidades, y conocimientos y capacidad de liderazgo. Por lo tanto, los nuevos graduados querrán mostrar su educación, liderazgo, y logros académicos en vez de empleos a tiempo parcial que normalmente ni siquiera son relevantes a sus elecciones de carrera.

Cinco Pasos para un Buen Currículo de Graduado Reciente

Al redactar tu currículo, ten en cuenta que será leído a través de los ojos del reclutador o gerente contratante. Una buena educación no es suficiente. Tienes que destacarte comparado con otros candidatos que también tienen una buena educación. Y eso lo haces siendo específico acerca de tus cursos, tus proyectos, tus actividades de liderazgo y tus premios.

1. Califícate tan bien como tu Universidad y el programa en que te inscribiste. ¿Te graduaste con honores? Incluye tu promedio (si es bueno), especialidad e incluso una frase o dos acerca de la universidad donde estudiaste. Por ejemplo, si asististe a la mejor facultad de ingeniería del país, exprésalo debajo del nombre de la escuela. O quizá tu escuela no es muy conocida, pero el Departamento de música es de clase mundial. En este caso, menciona el programa. También incluye tu trabajo de tesis, proyecto final, pasantías y prácticas externas.

2. Enumera los cursos pertinentes, una media docena. Elige los que realmente van a hacer una diferencia para las personas que te van a contratar. Por ejemplo, si te estás postulando para trabajar en un departamento de recursos humanos, podrías enumerar un curso sobre derecho laboral o liderazgo multicultural.

3. Enumera las organizaciones a las que perteneces. Estas incluyen sociedades honoríficas, sociedades de temas específicos (como el Club de matemáticas), sociedades de gobierno de alumnos y clubes sociales y culturales. Responde la pregunta, *¿A qué organizaciones pertenecí que me califican profesionalmente?*

4. Enumera las posiciones extracurriculares de liderazgo del campus bajo el título de «Liderazgo,» como "Editor del periódico escolar," "Presidente del Club de Debate", o "Capitán del equipo de tenis".

5. Por último y no menos importante, enumera tu experiencia interna de trabajo en la escuela. Empieza con cosas importantes, como "Asistente de enseñanza del departamento de alemán" o «Asistente de Mercadeo» y luego incluye información sobre los trabajos que no son relevantes para tu carrera.

Estructura del Currículo para un Gran Cambio de Carrera

Si has vuelto a la escuela para redirigir tu carrera a un campo significativamente diferente, debes usar esta estructura para tu currículo. Tu educación debe presentarse al principio de tu currículo para resaltar tus recientes credenciales educativas, seguida de tu experiencia laboral. En la mayoría de los casos, tu experiencia laboral será más importante y valiosa para el nuevo rol frente a un reciente graduado inexperto, así que esta sección será más amplia y debe vincularse lo más posible a la nueva dirección que quieres darle a tu carrera. También sugerimos que enumeres tus diplomas y escuelas al final del currículo porque es donde los buscarán los reclutadores o las computadoras.

Al fin de cuentas, tu currículo debe destacar lo que le importa al empleador—tu potencial, la calidad de la escuela y trabajo educacional, y las competencias que aportas a la oportunidad.

Mucho Ruido y Pocas Nueces—
Abuso de Clichés (o Palabras de Moda)

SABIDURÍA CONVENCIONAL: Según fuentes altamente publicitadas, los currículos y perfiles deben evitar las palabras de moda.

NUEVO PENSAMIENTO: No exageres el bombo de los medios de comunicación sobre las palabras de moda—úsalas con cuidado y estratégicamente.

Recientemente, LinkedIn dio a conocer un análisis de 135 millones de cuentas de su red. Identificaba las 10 palabras de moda más sobreutilizadas por la gente en sus perfiles profesionales.

- ▶ Creativo
- ▶ Eficaz
- ▶ Organizacional
- ▶ Amplia experiencia
- ▶ Historial
- ▶ Motivado
- ▶ Innovador
- ▶ Solución de problemas
- ▶ Habilidades de comunicación
- ▶ Dinámico

Estas palabras pueden ser totalmente diferentes a las palabras que se usarán dentro de cinco o diez años, pero el público en general probablemente tendrá la misma reacción. Correrán a eliminar estas palabras de sus perfiles. Apenas ven la palabra «sobreutilizadas", asumen inmediatamente que no deben usarlas.

Nosotras pondríamos esto en la categoría de "mucho ruido y pocas nueces." Sobreutilizadas o no, estas palabras no importan tanto. Los reclutadores no buscan en los perfiles de LinkedIn características personales como "creativo" o «dinámico». Buscan por habilidades funcionales clave, títulos de trabajo, empresas donde trabajaron y credenciales. Estas deben ser las principales al crear tu perfil en LinkedIn.

No hay nada malo en usar palabras descriptivas. De hecho, las palabras descriptivas tienen su lugar, y pueden ayudar al lector a construir «imágenes» de quien eres. Y las palabras más usadas simplemente reflejan la cultura de empleo actual percibida. A menudo, estas palabras aparecen en las recomendaciones de LinkedIn. Eso está bien.

Quieres recomendaciones auténticas que «salgan del corazón». Muchos reclutadores leen las recomendaciones para ver tendencias. Si todas tus recomendaciones dicen que eres «creativo», probablemente lo seas.

No hay necesidad de preocuparse por las listas de palabras sobreutilizadas y limpiar tu perfil de estas descripciones comunes. En cambio, déjalas en paz y concéntrate en lo que realmente importa—presentar de manera efectiva tus habilidades, experiencia, educación y conocimientos.

ACERCA DE LA VISIBILIDAD Y EL ACCESO:

REDES DE CONTACTOS

Creación de Redes Paso a Paso

SABIDURÍA CONVENCIONAL: Las redes son un juego de números. Recoge todas las tarjetas de presentación que quepan en tu bolsillo o bolso.

NUEVO PENSAMIENTO: Las redes no se tratan de cantidad, sino de calidad.

¿Cuántas tarjetas recoges generalmente en un evento de "redes" —5, 20, 50? No importa cuántas tarjetas hayas recogido si no puedes recordar quiénes son, o lo que vas a hacer para realizar un seguimiento.

En muchos casos donde recoger tarjetas se convierte en un concurso, las personas representadas por las tarjetas que hay en tu maletín no te recordarán y tal vez no vean ninguna razón para ayudarte una vez que sales por la puerta. Si recoger tantas tarjetas como sea posible es tu estrategia, daría lo mismo que las tires dentro de una caja de zapatos debajo de tu cama.

Si, por el contrario, sales con las tarjetas de cinco personas con quienes realmente estuviste en contacto y tiene una actividad de seguimiento prevista para cada una, será más probable que conviertas estos contactos en algo significativo y productivo.

Ocho Consejos para Realizar Bien Tu Estrategia de Redes

Estos son algunos consejos para llegar a la gente correcta y hacer que valga la pena.

1. Elige los lugares adecuados para crear tus redes. Si bien las agrupaciones profesionales pueden ser útiles para la ayuda mutua, posiblemente compartir contactos y oportunidades de aprendizaje, los mejores sitios para crear redes son los lugares donde se reúnen los gerentes contratantes y los líderes de negocios.

2. Prepárate para lo que «pides». Antes de entrar a la sala, ten en mente tus metas. ¿Qué quieres lograr antes de irte? ¿Por qué elegiste este grupo para hacer tu red? Igual que cualquier cosa en la vida y los negocios, si tienes claro lo que quieres lograr, será mucho más probable que sigas haciendo tu tarea y tengas éxito.

3. Recorre la sala. Si te tomas en serio las redes, éste no es sólo un almuerzo de oficina ni un cóctel divertido. Allí hay alguien que tienes que conocer. Fíjate en la sala y elige intencionalmente tu objetivo. Encuentra una forma cortés para entrar en la conversación si él o ella ya están ocupados. No te quedes ahí sonriendo y asintiendo con la cabeza. Si están de pie o sentados solo, simplemente preséntate.

4. Sé juicioso. Cuanto antes, evalúa si la persona con la que estás hablando podría beneficiarte. ¿Puede ayudarte a alcanzar tus metas—esta noche (o en algún momento)? Si no, educadamente discúlpate y muévete rápidamente. No desperdicies tu valioso tiempo siendo amistoso. Sí, esto puede sonar duro. Pero recuerda que estás en una misión, y tienes que seguir adelante. Esto no es sugerir que te comportes como una persona egocéntrica e interesada. El buen trabajo en redes es un toma y daca equilibrado. Probablemente conoces algunas personas que tienen la reputación de usar a la gente y no quieres ser una de ellas.

5. Establece una buena relación. La sintonía (rapport) es un potente mecanismo para una comunicación eficaz. Al menos, encuentra algo en común y parte de allí para llegar a conocerlo mejor.

6. Encuentra un motivo para hacer seguimiento. Y hazlo relativamente rápido. Recuerda que en el mundo quid pro quo de las redes, siempre debes estar pensando en el beneficio para la otra parte. Hay muchas posibilidades — casi todas servirán. Podría ser compartir un artículo o un libro que leíste recientemente. Lo mejor de todo es intercambiar contactos valiosos. Si puedes presentarles a alguien que quieren conocer, entonces tienes la oportunidad perfecta para obtener una presentación a una persona que saben que tú quieres conocer.

7. Sigue adelante. Una vez que tengas un plan de acción con una persona, sigue con otra. Deberías poder crear un compromiso significativo con varias personas en 30 a 40 minutos. No quieres acorralarte ni acorralar a otro. Sigue circulando.

8. Realiza un seguimiento religiosamente. Un componente de carácter y credibilidad es hacer lo que dices que vas a hacer. Aunque hagas una llamada telefónica, también envía un correo electrónico. En tu correo electrónico puedes incluir fácilmente una reafirmación de lo que estás buscando. Asegúrate de incluir tu biografía profesional, currículo o ambas cosas.

Si haces todas esas cosas con éxito con cuatro o cinco personas en cada evento, tus posibilidades de lograr algo valioso y productivo mejorarán de manera significativa— especialmente en comparación con la caja de zapatos llena de tarjetas.

Los Cinco Fabulosos de las Redes

Los clientes dicen una y otra vez, «No conozco mucha gente.» No debería sorprendernos más, pero de todos modos pensamos que esta creencia es increíble. Tonterías. En realidad, mucha gente conoce a cientos de personas y a menudo tiene más de 500 nombres en sus libretas de direcciones.

Pero para nuestros clientes, percepción es realidad, así que ofrecemos este consejo útil. Piensa en quién conoces dentro de Los Cinco Fabulosos de las Redes Hay cinco categorías de profesionales que generalmente son buenos en las redes y tienen una red de contactos muy superior al promedio. La razón es que lo que hacen para ganarse la vida implica involucrarse en la comunidad, construir relaciones de trabajo sólidas, cultivar una reputación positiva y estar al tanto de quién es quién en sus negocios y la industria. Cuando te relaciones con alguien de estas profesiones, mágicamente tienes acceso a un amplio abanico de conexiones potencialmente valiosas. Las categorías de los Cinco Fabulosos son:

- Abogados corporativos
- Banqueros comerciales y de inversión
- Agentes y corredores de bienes raíces comerciales
- Consultores de gestión de gran escala
- Contadores públicos, principalmente de las grandes firmas

Vale la pena mencionar algunas otras categorías de profesionales bien conectados, pero la amplitud y el alcance de sus redes pueden ser más limitados o menos aplicable para tus objetivos.

- Profesionales de ventas—sus contactos pueden no ser de las empresas o industrias a las que les estás apuntando.
- Cazatalentos y reclutadores—son contratados para cubrir puestos vacantes y pueden no estar motivados para ayudarte.
- Corredores y agentes de bienes raíces residenciales—conocen a mucha gente pero tal vez no en posiciones contratantes.
- Las empresas locales de contadores y consultores financieros—misma razón.

Apostamos a que conoces más gente de la que crees. Y si piensas profundamente a quién conoces, descubrirás ricas oportunidades de contactos que pueden no haber sido evidentes para ti.

Donde Está la Acción

SABIDURÍA CONVENCIONAL: Grupos de apoyo de búsqueda de trabajo son buenos lugares para crear redes.

NUEVO PENSAMIENTO: Si bien los grupos de apoyo de búsqueda de trabajo juegan un papel importante para quien busca empleo, hay mejores lugares para hacer conexiones.

Los grupos de apoyo de búsqueda de trabajo son solo eso—grupos de apoyo. Con algunas raras excepciones, todo el mundo está desempleado. Claro, puede haber algunas almas generosas y abiertas que compartirán contactos y te indicarán puestos de trabajo reales, pero en su mayor parte, la gente no viene a estos eventos para ayudar a los demás. Van para ayudarse a sí mismos. Está bien unirte a esos grupos de apoyo, pero no esperes encontrar un trabajo ni conocer a gente que te va a encontrar un trabajo.

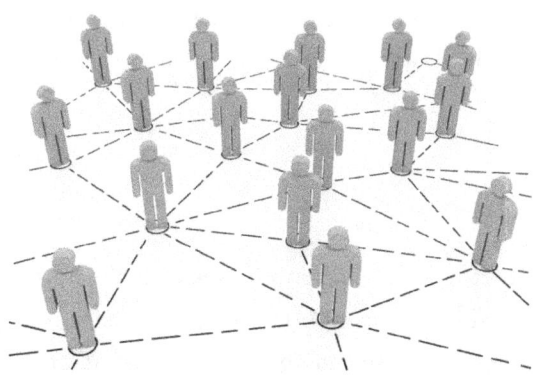

Otra realidad es que es raro encontrar a ejecutivos senior en estos lugares. Hay algunas excepciones notables, por ejemplo cuando el grupo está específicamente dirigido y es exclusivo para directivos, directores financieros, y otros "jefes"—pero la entrada a estos grupos suele ser "sólo por invitación." Así que las personas que acuden a reuniones del grupos de apoyo de búsqueda de trabajo son típicamente gerentes de primera línea, profesionales (tecnólogos, programadores, contadores, representantes de ventas) y personal administrativo.

Beneficios de los Grupos de Apoyo de Búsqueda de Trabajo

Por supuesto, estos grupos de apoyo proporcionan muchos beneficios valiosos, a saber:

▶ Excelentes oradores y discusiones de temas que pueden ser útiles en el proceso de búsqueda de empleo
▶ Camaradería y el estímulo de otros que están en el mismo barco
▶ Recursos gratuitos o de bajo costo que asisten al que busca empleo
▶ Liderazgo inteligente y compasivo que ofrece orientación, asesoramiento y guía valiosos.
▶ La oportunidad de practicar tu presentación personal y habilidades de redes
▶ Una razón para salir de la casa y alejarte de la computadora

Si eres una persona con mínima experiencia de trabajo previa y recursos financieros limitados, estos grupos de apoyo pueden brindarte un punto de partida ideal para tus actividades de búsqueda de trabajo.

Encuentra la Acción

Entonces, ¿dónde deberías estar haciendo conexiones? Es sencillo. Lo único que tienes que hacer es ir a los lugares donde están los trabajos y la gente que contrata gente (o que conoce gente que contrata gente). Es decir, ir a donde está la verdadera acción. Piensa en tu industria objetivo, empresas y trabajos objetivos. ¿A qué eventos es probable que asistan? Ve allí.

- ▶ Averigua cuándo y dónde se reúnen las asociaciones comerciales de tu industria.
- ▶ Inscríbete en programas de educación o acontecimientos funcionales relevantes, especialmente si son gratis o baratos, que atraerían a tus objetivos y sus colegas.
- ▶ Si estás apuntando a pequeñas empresas locales, considera asistir a las reuniones de la cámara de comercio o rotarios.
- ▶ Afíliate a organizaciones de alumnos universitarios, que están entre los mejores lugares para hacer conexiones. Inmediatamente tendrás algo importante en común, y otros antiguos alumnos suelen tener una fuerte motivación personal para ayudar a "uno de los suyos".
- ▶ Elige organizaciones cívicas y comunitarias de gran visibilidad para participar. Estos son lugares excelentes para hacer conexiones porque muchas empresas patrocinan la participación de sus directivos.

Ferias de Empleo — ¿Sí o No?

¿Y las ferias de empleo? Nuestra filosofía sobre las ferias de empleo es «¿por qué no?» Las empresas que tienen stands en ferias de empleo están buscando candidatos. En teoría, debería significar que tienen posiciones abiertas y están contratando. Esas son buenas noticias, ¿no? Puedes desempeñarte mejor en las ferias de empleo en cinco pasos:

1. Verifica si se requiere preinscripción y si está disponible. Sí es así, hazlo antes del plazo.
2. Vístete apropiada y profesionalmente.
3. Lleva muchas tarjetas de presentación y copias de tu currículo.

4. Llega temprano para tener tiempo de presentarte a las empresas claves que estás apuntando.

5. Recoge literatura de la empresa y tarjetas de los representantes de la empresa y haz seguimiento como loco.

Ahora, las malas noticias. Es más probable que las oportunidades de trabajo sean de nivel de entrada o técnicas basadas en competencias. Si eso no encaja en tu perfil, entonces tal vez haya una mejor manera de que pases el tiempo. Si decides asistir, puedes tratarlo como cualquier otro evento de redes—concentrar esfuerzos, desarrollar al menos un poco de rapport y hacer seguimiento después. Al menos tendrás una introducción inicial a una empresa específica.

Esperamos que en este punto sepas que las redes son la clave para encontrar un trabajo. Simplemente asistir al evento «correcto» no es una solución milagrosa. Todavía debes tener la valentía y audacia para conocer a gente nueva, y debes dar una buena impresión cuando lo hagas.

Demasiado a menudo escuchamos a los candidatos describir su asistencia regular a estos grupos de apoyo de búsqueda de trabajo y ferias de empleo como su única actividad «de red». Eso ya no es suficiente.

Más Allá de la Plática de Elevador

> **SABIDURÍA CONVENCIONAL:** Un argumento bien preparado de 30 segundos para la plática de elevador es una herramienta esencial para hacer conexiones y para las entrevistas. No salgas de tu casa sin él.
>
> **NUEVO PENSAMIENTO:** Una presentación personal pulida es indispensable pero no suficiente. En muchos lugares es mejor construir rapport y entablar conversación basándote en información y mensajes cuidadosamente preparados que dar discursos.

La "plática de elevador de 30 segundos" ya no es lo suficientemente sofisticada para profesionales y ejecutivos. Ahora es necesario un mayor nivel. Una «presentación situacional» es tu argumento personal específicamente basándote en con quién estés hablando, teniendo en cuenta qué mensaje o mensajes le quieres transmitir a esa persona y el tiempo disponible.

En lugar de ver una presentación como algo que tiene que ser memorizado o leído desde un teleprompter, piensa en la información sobre ti que puedes elegir de una canasta o una base de datos de material para crear y ofrecer una presentación adecuada. A medida que te sientas más cómodo hablando de ti, te resultará más fácil «atraer» y conseguir lo que necesites para cualquier situación.

Por ejemplo, si estás en un almuerzo profesional, puedes tener usar de 4 a 6 palabras y cinco segundos mientras los asistentes de la misma mesa se presentan. En una reunión de red, puedes tener 15-20 segundos. En una entrevista, puedes tener mucho más tiempo. Las perspectivas y agendas variarán dependiendo de con quién estés hablando y en qué te quieres concentrar—qué haces, quién eres y lo que sabes.

Una presentación situacional proporciona no sólo una mejor presentación sino también la libertad de relajarte y dejar fluir adecuadamente la conversación.

La Solución Milagrosa
de las Redes Sociales

SABIDURÍA CONVENCIONAL: Usar cualquiera y todas las redes sociales que puedas es bueno para tu búsqueda de trabajo.

NUEVO PENSAMIENTO: Los redes sociales son un componente esencial de tu búsqueda de trabajo, pero deben utilizarse cuidadosamente y estratégicamente.

Hay una creciente cantidad de sitios de redes sociales, pero los tres grandes son Facebook, Twitter y Linkedin. En su mayor parte, los medios sociales son ubicuos y pobremente apalancados. Demasiada gente pierde tiempo en los medios sociales, drena su energía y logran resultados mediocres o malos. Peor aún, pueden hacer más daño que bien en algunos de estos sitios.

El primer problema para las personas que buscan trabajo es cómo afecta su atractivo y "marca" personal su presencia en Internet. Los medios sociales son un foro semi público. Piensa cuánto de la charla son tonterías sin sentido de dominio público—actualizaciones de estado que a nadie le importan, resultados de partidos jugados y tweets idiotas. Algunas personas se pasan de estúpidas al publicar fotos inadecuadas, agregar comentarios vulgares y participar en conversaciones obscenas. Aunque presumiblemente esto es entre "amigos", ¿nadie se da cuenta de que esto podría ser fácilmente accesible al público y a un posible gerente contratante?

Suponiendo que prestes atención a cómo «apareces» en Facebook y Twitter, ¿te parece que estos sitios son buenos cotos de caza? En realidad, no. Por ahora, las empresas están incursionando en Facebook y Twitter como un medio para crear relaciones con los clientes, branding y conocimiento del mercado. Y aunque algunos empleadores están "buscando" posibles empleados en Facebook, a menudo se ve como intrusivo y raro.

El King Kong de los medios sociales para la búsqueda de empleo y creación de redes profesionales es LinkedIn. Linkedin es lo más parecido que vas a encontrar a la «solución milagrosa». Tienen varios cientos de millones de miembros, más de la mitad de los cuales están en los Estados Unidos, y están creciendo a razón de dos miembros por segundo. Uno de cada cuatro miembros está en línea todos los días. Es el sitio por excelencia a dónde acudir para reclutadores y empresas que buscan talento. Incluso está desplazando a los tableros de trabajo. En una reciente encuesta realizada por Jobvite, 93% de los reclutadores de empleo buscan en LinkedIn para encontrar candidatos calificados.

Diez Consejos para Usar LinkedIn

Cualquier gestión de carrera exitosa y búsqueda de trabajo integral y sofisticada incluirá a LinkedIn. Hay  un grupo creciente de recursos disponibles—artículos, libros, webinars, seminarios, blogs, clases presenciales, oradores y consultores profesionales de perfiles—que pueden orientarte si eres nuevo en LinkedIn.

Estos son los diez consejos para usar LinkedIn más eficazmente, en tu búsqueda de trabajo y para los negocios en general:

1. A partir de ahora y de forma regular, pasar tiempo reforzando y manteniendo tu perfil en LinkedIn. Amplía constantemente tu lista de capacidades y características para que tu perfil sea un portafolio y una rica fuente de información para los reclutadores. Recomendamos mientras esté haciendo cambios y actualizaciones en su perfil de LinkedIn, apagues las "notificaciones" en la configuración de tu perfil.

2. Crear un perfil específico, con abundancia de palabras clave. A diferencia de un currículo clásico, más es mejor y ofrece más visibilidad y más oportunidades para que te encuentren en una búsqueda. Completa todas las secciones. Nadie te penalizará si eres redundante.

3. Cambiar el nombre de tu URL por algo más simple de lo que se asigna automáticamente. Recomendamos agregar tu URL personalizada a tu firma de correo electrónico, currículo y tarjeta de visita. Puede servir como sitio web personal.

4. Sube una foto adecuada, preferiblemente el formato indicado para evitar indeseables recortes automáticos. Es esencial tener una foro apropiada y da un mayor grado de credibilidad. Hay pruebas abrumadoras de que los perfiles con fotos son más creíbles que los que no la tienen.

5. LinkedIn también es uno de los mejores lugares para crear redes y encontrar conexiones a puestos de trabajo. Según un estudio de Nielsen, la cantidad promedio de conexiones para miembros de LinkedIn es de alrededor de 60 personas. Generalmente, la cantidad aceptada de una red social estable es alrededor de 150. Sin embargo, ten cuidado de aceptar invitaciones de personas que compiten por tener la mayor cantidad posible de conexiones. Las conexiones no son millas de aerolíneas. Creemos que es prudente seguir las indicaciones de LinkedIn para aceptar conexiones o que realmente conoces o tienen una razón legítima para que te conectes con ellos.

6. Los reclutadores también quieren construir redes, así que conéctate con ellos.

7. Pide recomendaciones y avales y retribúyelos. Especialmente las recomendaciones son una excelente manera de que los comentarios de tus fans estén disponibles en foros públicos. Con el tiempo, vas a crear una cartera de referencias que sobrevivirán a los flujos y reflujos de las relaciones. Eventualmente,

éstas remplazarán a esas copias impresas de cartas de recomendación que, en la mayoría de los casos, tú habrás escrito y ellos habrán firmado.

8. Únete a grupos—cuantos más, mejor. Especialmente, debes ser miembro de todos los grupos clave en tu industria o función. Los grupos de ex-alumnos también son una rica fuente de contactos.

9. Usa estratégicamente tu configuración de contacto y tus preferencias de oportunidad. Si estás empleado, probablemente no quieras la lista de "oportunidades".

10. Por último, aprovecha tu perfil y publica de vez en cuando las actualizaciones importantes de tu estado que mejoren tu marca y aumenten tu visibilidad. Comparte artículos relevantes o incisivos con tus observaciones o perspectivas. Añade comentarios a los mensajes de otras personas. Participa en las discusiones de tus grupos. Este es un lugar especialmente bueno para establecerte como un experto en la materia.

Todas estas cosas mejoran tu perfil en LinkedIn y te ayudará a acercarte a tu trabajo soñado.

Lleva tiempo y esfuerzo crear un excelente perfil de LinkedIn. La estructura de LinkedIn es algo rígida y puede ser un blanco en movimiento. Especialmente si tienes una trayectoria compleja o inusual o si no eres muy bueno con la tecnología, podría ser un poco intimidante o abrumador. Tal vez quieras contratar a un profesional para ayudarte a desarrollar tu perfil y enseñarte a mantenerlo.

Los medios sociales para la gestión de carrera y búsqueda de empleo están aquí para quedarse. De ahora en adelante, tienes que ser un usuario conocedor de estas herramientas y estar consciente que eres más transparente que nunca. Sé precavido, sé astuto.

Ejemplos de Guión para las Invitaciones de LinkedIn

Piensa en cómo te sientes cuando recibes la repetitiva invitación de LinkedIn, "me gustaría añadirte a mi red profesional en LinkedIn." Da la impresión de pereza o indiferencia. Te recomendamos que trates de personalizar cada invitación de LinkedIn que envíes. Si le recuerdas a tu contacto cómo lo conoces o le explicas tus razones para conectarte, obtendrás mejores resultados.

La pregunta que nos hacen con más frecuencia es, «¿qué tengo que decir?» Así que a continuación hay algunos ejemplos de invitaciones que demuestran personalidad y profesionalismo, para usar como guía cuando hagas las tuyas. Terminar tu invitación con una pregunta es un catalizador para seguir el diálogo. Tienes sólo 300 caracteres con espacios para utilizar—úsalos sabiamente.

□ □ □

Hola, [Nombre del contacto]:

Acabo de encontrar tu perfil y quería añadirte a mi red. Nunca fui bueno para hacer conexiones, pero finalmente decidí tomarme más en serio mis conexiones de LinkedIn. Sería útil contar con tu número de teléfono y dirección.

[Tu nombre]
333-444-5555
[288 caracteres]

□ □ □

Hola, [Nombre del contacto]:

No sé si te acuerdas de mí, pero nos conocimos/trabajamos juntos [Cuándo/Dónde]. Acabo de encontrar tu perfil en LinkedIn y quisiera volver a conectarme contigo. Espero que estés bien.

Por cierto, ¿cómo resultó ese [proyecto o evento]?

[Tu nombre]
333-444-5555
[257 caracteres]

□ □ □

Hola, [Nombre del contacto]:

No nos conocemos personalmente, pero mi amigo/compañero de trabajo, [nombre de conexión], me recomendó que me pusiera en contacto contigo. Tengo interés y una trayectoria en gestión minorista [o lo que sea que tengan en común], así que me gustaría conectarme contigo.

¿Cuándo estarías libre para recibir una llamada?

[Tu nombre]
333-444-5555
[286 caracteres]

□ □ □

Hola, [Nombre del contacto]:

¡No puedo creer que aún no nos hayamos conectado en LinkedIn! Espero que pronto tengamos tiempo para volver a conectarnos y ponernos al día. ¿Cuándo estarías libre para recibir una llamada o tomar un café?

[Tu nombre]
333-444-5555
[216 characters]

Más Allá del Desempeño y la Política: La Visibilidad Es Importante

> **SABIDURÍA CONVENCIONAL:** Haz un buen trabajo y la empresa te recompensará.
>
> **NUEVO PENSAMIENTO:** La política, el desempeño y la visibilidad tienen papeles importantes en el éxito de tu carrera.

Construyamos una pirámide.

Primer nivel-desempeño. En el primer nivel o de entrada, haces tu trabajo, agachas la cabeza y te desempeñas como una estrella. Así es como te reconocen y promueven al principio de tu carrera, pero no es una estrategia de carrera completa, a largo plazo. En esta etapa, tu éxito personal dependerá en un 80% de tu desempeño en el trabajo y el 20% de las relaciones.

Segundo nivel-política. En este nivel, debes desarrollar una conciencia política y convertirte en un experto en trabajar dentro de la compleja dinámica de las relaciones y agendas. Tu trabajo no se basará exclusivamente en la política, pero desde este nivel hasta la gerencia media, deberías manejarla bastante bien. Conseguir un aumento de sueldo o promoción depende un 60% de tu rendimiento en el trabajo y 40% de la política.

Tercer nivel-visibilidad. Generalmente, a partir del nivel de director, debes transformarte de jugador de empresa a jugador de industria. Tu objetivo debe ser desarrollar visibilidad y relaciones fuera de tu departamento y área funcional y también visibilidad fuera de tu empresa. Levanta la cabeza de tu escritorio y sal de tu oficina. En este punto y durante el resto de tu carrera, la política y la visibilidad juegan papeles cruciales en tu progreso y éxito.

Sé Visible Más Temprano Que Tarde

El excelente desempeño siempre es un factor. De hecho, cuanto más alto llegues en una organización, más se dan por sentados el desempeño y la competencia. Normalmente uno no se preocupa por si el Director Financiero sabe sobre débitos y créditos—se asume. Los factores diferenciales tienen que ver con desenvolverse bien en el panorama político de la empresa y estar bien conectado y ser respetado por la gente fuera de tu dominio inmediato y de tu empresa. Incluso en las primeras etapas de tu carrera, es útil empezar a construir estas relaciones y perfeccionar tu habilidad política.

Hay varias maneras de cultivar la visibilidad. Dado que estas actividades generalmente son beneficiosas para tu empresa, hay maneras de involucrarte con todo su apoyo y bendición. Estas son algunas de las posibilidades:

▶ Ofrécete como voluntario para participar o dirigir un proyecto o fuerza de tareas interfuncional.

▶ Involúcrate en una actividad de grupo o comunidad de interés especial patrocinada por la empresa.

▶ Afíliate a organizaciones, participa plenamente y piensa en convertirte en uno de los líderes de esas organizaciones.

▶ Conéctate con otros uniéndote a comités, trabajando en conferencias y representando a tu organización en eventos de la industria.

▶ Posiciónate como un experto o autoridad impartiendo un taller, escribiendo para una publicación, escribiendo un libro, enseñando un seminario o hablando en una conferencia.

▶ Involúcrate en eventos de la industria, mesas redondas nacionales o equipos de investigadores de universidades.

▶ Ofrécete como voluntario para ser el contacto con la prensa. Esto puede aumentar sus probabilidades de ser citado en publicaciones comerciales, boletines de noticias de la industria y los medios generales de negocios. Asegúrate de revisar las políticas de tu empresa.

¿Cuán Visible Eres?

Además de cultivar tu visibilidad personal, los más exitosos profesionales se aseguran que los reclutadores y otras partes interesadas los puedan encontrar fácilmente. Cuando ellos buscan, quieres que te encuentren. LinkedIn es el número 1, por lejos. También podrías hacer una búsqueda en Google por tu nombre y una característica clave y ver lo que sale. Si ni siquiera estás en las primeras 10 páginas, tienes mucho trabajo por delante.

La Falacia de los Tableros de Anuncios de Trabajo

SABIDURÍA CONVENCIONAL: Los tableros de trabajo facilitan la búsqueda.

NUEVO PENSAMIENTO: Los tableros de trabajo están diseñados para ayudar a las empresas a encontrar empleados, no para ayudar a las personas que buscan trabajo a encontrar puestos de trabajo.

Para los no iniciados, los tableros de trabajo como Monster.com parecen buenos lugares para buscar y solicitar empleos. Lo que la gente no sabe es que las probabilidades están en su contra. Independientemente de tus calificaciones o de que seas el candidato perfecto—tus posibilidades de ser considerado para un trabajo de estos tableros son escasas.

Los Tableros de Trabajo Explicados

Hay muchos tipos diferentes de tableros de trabajo:

- ▶ Grandes tableros multiuso, como Monster.com y The Ladders
- ▶ Páginas de carrera de sitios web empresariales
- ▶ Consolidadores, como Indeed.com, que no tienen nueva información pero buscan en Internet y reúnen en un lugar todos los trabajos que se publican
- ▶ Tableros de especialidades como para hostelería o trabajos de cuidado de la salud, que son específicos de la industria o función, muchos de los cuales son mantenidos por las asociaciones profesionales

Los tableros de trabajo están diseñados para facilitar la recolección de datos a las empresas y reclutadores y para atraer a muchos de los candidatos al trabajo. Si solicitas un trabajo en el sitio web de una empresa o tablero de trabajo en Internet, las solicitudes y currículos entran a un fondo común de bases de datos en las que se puede buscar usando parámetros específicos, palabras clave o atributos que, en opinión de los reclutadores, mejor coinciden con los requisitos del trabajo.

La buena noticia es que los tableros de trabajo son la oportunidad de adquirir una cantidad notable de inteligencia de mercado y un lugar para encontrar puestos de trabajo que tal vez no conocías. Una vez que se ha identificado una oportunidad de trabajo, deberás solicitar el trabajo en línea e intensificar y enfocar tus redes para poder entrar.

Las Probabilidades Son Escasas

Si bien los tableros de trabajo facilitan la investigación de mercado, no ofrecen ninguna garantía de un proceso significativo para ser seleccionado para una entrevista, independientemente de las calificaciones. Las probabilidades de que te encuentren por un tablero de trabajo son muy escasas.

Parecería que un tablero de trabajo es un lugar lógico para encontrar una oportunidad de trabajo y solicitarlo. Muchas personas que buscan trabajo pasan horas buscando en estos anuncios, encuentran su "trabajo perfecto", llenan los formularios interminables, pulsan el botón «solicitar» y luego esperan que la empresa se comunique con ellas para programar la entrevista. "Abracadabra" están en camino hacia un trabajo fabuloso.

Pero la realidad es que cientos o miles de personas también se están postulando. Cada persona es una partícula en el universo de los que buscan trabajo.

Además, el empleador está interesado en encontrar solo algunos candidatos calificados para el trabajo. Montones y montones de los candidatos son buenos, y cuando encuentran su cuota, dejan de buscar. No están en el negocio de entrevistar a más candidatos de los necesarios para cubrir el puesto.

El punto es que solicitar trabajos en tableros de trabajo es como jugar Blackjack en Las Vegas. Son escasas las probabilidades de vencer a la casa, pero entender cómo se juega el juego puede mejorar tu éxito. Entonces, aprovecha bien las oportunidades para solicitar trabajos en este medio, comprende las reglas básicas, haz lo mejor posible, no te desesperes y sigue con el trabajo real de tu búsqueda de empleo—las redes.

Por supuesto, algunas personas han encontrado empleo en los tableros de trabajo, pero estadísticamente hablando, las probabilidades no están a tu favor.

Trabajo Real, Trabajo Falso

> **SABIDURÍA CONVENCIONAL:** Hay un montón de puestos de trabajo en Internet para los que me puedo postular.
>
> **NUEVO PENSAMIENTO:** Hay un montón de puestos de trabajo que puedes solicitar por Internet, pero muchos son inexistentes, obsoletos o están inactivos.

Por supuesto, algunos han encontrado empleo en Internet. En muchos de esos casos, otras medidas como las conexiones y la auto promoción jugaron un papel importante para conseguir esos trabajos.

En realidad, si bien hay empleos reales en Internet, hay una increíble cantidad de trabajos que son «falsos» o ya no son viables. Si tu estrategia principal de búsqueda de trabajo es postularte a empleos en Internet, vas a tener que esperar mucho tiempo para que suene el teléfono—si alguna vez ocurre.

Uno de nuestros clientes con un título universitario prestigioso vino a vernos después de postularse a más de 100 puestos de trabajo en Internet. Estaba cada vez más frustrado por no haber tenido respuestas, llamadas telefónicas o mensajes de correo electrónico, excepto uno o dos rechazos. Este es el ejemplo por excelencia de la poca utilidad de la búsqueda de empleo de Internet.

La Realidad de los Empleos de Internet

Las ofertas de trabajo publicadas en tableros o sitios web de las empresas normalmente caen en una de tres categorías: 1) empleos reales, 2) de «pesca»; y 3) errores.

Empleos reales. Estos son trabajos que realmente existen, y las compañías están dispuestas a buscar entre los cientos, incluso miles, de respuestas para encontrar al candidato adecuado. Desafortunadamente, si no cumples con todas las especificaciones necesarias—cada una de ellas—y la mayoría de las preferidas, no lo vas a lograr. Tienes una mejor posibilidad de ganar un bote en la máquina tragamonedas.

Trabajos de «pesca». Estos también caen en tres categorías. La pesca de contingencia se produce cuando las empresas de reclutamiento publican ofertas de trabajo falsas para mantener actualizadas sus bases de datos. Necesitan candidatos disponibles para dar respuestas rápidas en sus compromisos de reclutamiento. La pesca de comisión es una táctica utilizada por las empresas que pagan estrictamente a comisión para actividades como ventas de seguros, marketing multinivel, inversiones inmobiliarias y algunas estafas hechas y derechas. Generalmente buscan contratistas independientes que estén interesados en ventas y marketing. Por último, están los trabajos de pesca sin ninguna posibilidad. Estos trabajos generalmente ya tienen candidatos viables internos o externos en carrera, pero  las empresas los publican igual para cumplir con disposiciones legales. En realidad no están buscando buenos candidatos. Simplemente están siguiendo un formalismo, incluyendo citar gente para entrevistas.

Errores. Estos puestos de trabajo podrían haber sido reales en algún momento, hasta que las fusiones, tercerización o contratación se congelan por algún cambio o cancelación del trabajo original. O tal vez el puesto ya está cubierto y no está disponible. En muchos casos, es más fácil para la empresa dejar que el anuncio expire que entrar y cambiar o cancelar la publicación original. El resultado son numerosos anuncios de empleos que ya no existen.

Puede ser imposible distinguir entre los empleos verdaderos y falsos en Internet. Así que les decimos a nuestros clientes que está bien postularse para trabajos en Internet. Sin embargo, si están dedicando más de 5-10% de su tiempo de búsqueda de trabajo a estas búsquedas, necesitan concentrar sus esfuerzos en actividades más productivas, como trabajar en sus redes.

El Mundo Según los Reclutadores

SABIDURÍA CONVENCIONAL: Los reclutadores me ayudarán y apoyarán mis esfuerzos de búsqueda de trabajo.

NUEVO PENSAMIENTO: Los reclutadores trabajan para la gente que paga la cuenta, y tendrás más éxito en obtener la atención que necesitas si entiendes su modelo de negocio.

A menudo, los empresarios generalmente avispados se sienten confundidos o irritados por sus experiencias con los reclutadores. En gran parte, esto se debe a que no han prestado suficiente atención al negocio básico de la industria y sus modelos de compensación. Puesto que esta es una relación de negocios, puede encontrarse el camino hacia la iluminación simplemente siguiendo al dinero.

Las quejas usuales

- ▶ Los reclutadores no me devuelven las llamadas.
- ▶ Los reclutadores no me dan ni siquiera minutos de asesoramiento sobre mi búsqueda de trabajo o currículo.
- ▶ Los reclutadores que conozco nunca parecen tener una oportunidad de trabajo para mí.
- ▶ Los reclutadores no me consideran para una búsqueda aunque sé que estoy perfectamente calificado.
- ▶ Si logro entrar a una empresa a través de mis conexiones, de todos modos termino hablando con el reclutador.
- ▶ Si el reclutador no me «encontró», no me considera de manera justa.

▶ Después de haber sido entrevistado, un reclutador puede ser atento y luego desaparecer de repente.

▶ Me dan falsas esperanzas y me dejan colgado.

Nada de esto parece racional ni justo y sin duda no es considerado. Entender cómo funciona el mundo reclutamiento y como ganan su dinero los reclutadores sirve para ayudarte a tener una experiencia más productiva y menos frustrante. Si entiendes su punto de vista, tienes la oportunidad de trabajar con los reclutadores eficazmente, positivamente y para beneficio mutuo. Es un baile, y puedes ser una buena pareja.

¿Por Qué No Me Hablan?

Los reclutadores trabajan para sus clientes y los clientes pagan la factura. Independientemente del tipo de empresa, los reclutadores en última instancia cobran por realizar búsquedas exitosas y presentar a los candidatos interesados y calificados. Si usted no eres un candidato para la búsqueda activa, cada minuto que pasa contigo es un minuto que él o ella no está ganando dinero. A menos que seas un recurso valioso para el futuro, los reclutadores tienden a no extender cortesías comunes como devolver llamadas telefónicas.

¿Por Qué No Tienen un Trabajo para Mí?

¡Sorpresa! Los reclutadores externos controlan sólo el 10-15% del mercado de trabajo. Un reclutador individual realiza sólo un pequeño número de asignaciones cada año, a menudo tan sólo entre 8 y 10 para cargos ejecutivos. Esas búsquedas abarcan posiciones y a veces también industrias y zonas geográficas. Los reclutadores están estrechamente atados a una especificación de trabajo y más restringidos por la economía de un comprador. La empresa está buscando candidatos que cumplan con las especificaciones, no talento «por descubrir». Las probabilidades de que cualquier reclutador individual esté trabajando en una búsqueda que perfecta para ti en el momento que estás buscando una nueva oportunidad es infinitesimalmente pequeña.

¿Por Qué No Están Interesados en Mí?

Los buenos reclutadores aprenden lo que sus clientes desean para llenar la posición. Además de la descripción del trabajo, el reclutador generalmente entiende la cultura de la empresa, la historia de los titulares de la posición y los criterios privados o implícitos según los cuales la empresa finalmente tomará una decisión. El reclutador necesita encontrar a los candidatos que no sólo puedan hacer el trabajo, sino que también puedan "venderse" al cliente.

Los clientes pagan mucho dinero por los servicios de contratación—a veces hasta el 35% de la compensación del primer año. Y cuanto mayor sea la posición, es más probable que el cliente pague los gastos de viaje del reclutador para llevar a cabo las entrevistas. CALLEJÓN SIN SALIDA: El cliente está pagando muy caro por los servicios de reclutamiento, y canaliza a todos los candidatos hacia el reclutador para su evaluación con el fin de obtener todos los beneficios de esos servicios. Por otro lado, los reclutadores necesitan clientes que valoren su inversión; por lo tanto, les interesa "encontrar" al candidato. Si cl cliente y no el reclutador encuentra al candidato, eso puede afectar el valor percibido de los servicios.

¿Por Qué Me Dan Falsas Esperanzas? (Siguen el Juego)

Las asignaciones de reclutamiento a menudo tienen trayectorias erráticas. Empiezan rápido, quedan en espera, cambian los requisitos, cambia el ejecutivo contratante o incluso directamente se cancelan. Se necesita que el reclutador le siga la corriente al cliente y, al mismo tiempo, que mantenga un inventario de prospectos. Además, el reclutador realmente nunca sabe lo que el cliente u otros candidatos van a hacer. Él o ella siempre necesita una cartera de candidatos hasta que se hace y se acepta una oferta y a veces incluso hasta que la persona realmente comienza a trabajar.

¿Qué Puedo Hacer al Respecto?

Los reclutadores siguen siendo un canal importante en cualquier búsqueda de empleo. Es importante permanecer en sus radares porque nunca se sabe cuándo aparecerá repentinamente una gran oportunidad, o qué reclutador la tendrá. En los niveles más altos, las empresas de búsqueda de ejecutivos se usan universalmente cuando las empresas van al mercado externo para ocupar una posición. Ese tipo de búsqueda es complejo y requiere mucho tiempo. Requiere habilidades extraordinarias y a menudo es confidencial. Las empresas de búsqueda deben tener o ser capaces de tener acceso a las personas adecuadas. Los clientes utilizan a los reclutadores para encontrar directivos y personal de modo que puedan delegar tareas a profesionales calificados.

La comprensión de cómo funcionan los reclutadores, puede posicionarte para obtener el beneficio de este canal.

- ▶ *Haz* redes con las personas apropiadas y conoce a los reclutadores en tu campo.
- ▶ *Ofrécete* como fuente y proporciona referencias de calidad.
- ▶ *Mantén* actualizado tu currículo y en sus manos o bases de datos.
- ▶ *No esperes* nada a cambio.
- ▶ *No tomes* personalmente la conducta del reclutador.
- ▶ *Mantente* conectado y visible. Los reclutadores tienen todo tipo de herramientas para encontrarte. ¡Asegúrate de que te encuentren!

Quién Es Quién en el Reclutamiento

Hay mucha confusión sobre la industria del reclutamiento. Los reclutadores no son todos iguales ni siguen la misma estructura de ingresos. A algunos se les paga por hacer el trabajo y a otros por contratar un candidato. Una empresa puede participar en más de un tipo de servicios de reclutamiento.

Esta es una guía sobre los diferentes tipos de reclutadores.

- **Contratados. (retenidos)** Los reclutadores "retenidos" son como consultores. La mayoría se consideran Consultores Retenidos de Búsqueda de Ejecutivos. Les pagan por cada contratación, independientemente de si su candidato es contratado o incluso si alguien es contratado. Por razones obvias, estas son asignaciones exclusivas—ninguna otra firma está haciendo el mismo trabajo al mismo tiempo. Tienen una fuerte motivación para hacer un buen trabajo para que la empresa siga utilizando sus servicios en el largo plazo. Debido al costo y la exclusividad, representan posiciones en el nivel ejecutivo de altos ingresos, pero no siempre.

  En algunos casos, los reclutadores proporcionarán un tipo híbrido de compromiso que se les pagará en cuotas su trabajo, pero con el último pago por la colocación definitiva de su candidato.

- **Contingencia.** Los reclutadores de contingencia generalmente trabajan en los niveles profesional y de gerencia media. Les pagan sólo cuando sus candidatos son contratados, independientemente de la cantidad de trabajo que realicen. Pueden o no ser contratados exclusivamente por la empresa. Algunos reclutadores de contingencia promueven buenos candidatos a empresas con las que tienen una relación con la esperanza de que la empresa contrate a la persona y se les pague por la colocación. A menudo, cuando la economía se debilita, hay más reclutadores que tratan de ampliar sus ingresos «encontrando trabajos» para las personas.

- **Dotación de personal.** La dotación de personal es un pilar generalizado de adquisición de talento. Las agencias de personal manejan una variedad de posiciones a tiempo completo, temporales y de temporales a permanentes para puestos administrativos, técnicos y operativos. Se usan en todas las profesiones e industrias y a menudo es la plataforma para la contratación y aumento de personal. Normalmente les pagan honorarios por horas trabajadas o una colocación.

- **In-house (internos).** Las grandes empresas tienen personal interno de reclutamiento, cuyas responsabilidades abarcan desde servicio completo de contratación para todos los niveles de empleados y ejecutivos hasta la gestión de los contratos con los reclutadores externos. La sofisticación de Internet y las tecnologías de reclutamiento les proporcionan a los reclutadores internos un acceso más amplio y más eficiente que antes al mercado.

¿Demasiado de Algo Bueno?

Sabiduría Convencional: Cualquier tipo de RP es bueno.

Nuevo Pensamiento: Demasiada visibilidad puede hacer "ruido" en el sistema y no necesariamente es algo bueno.

Hace mucho que venimos escuchando esto, ¿no? Cualquier tipo de RP es bueno. Se basa en la idea de que el propósito de las relaciones públicas es el manejo de la reputación, la comunicación y el reconocimiento de una empresa, un producto o una marca. Si el objetivo es crear la condición de "top of mind" para algo, recibir una gran cantidad de publicidad puede lograr eso, aunque sea "mala".

Hoy en día generalmente se cree que tener mucha PR mala en realidad puede perjudicar a una marca o una reputación más que ayudarle. Estas situaciones nos dejan un mal sabor de boca. Warren Buffett dijo: «toma 20 años construir una reputación y cinco minutos destruirla. Si lo piensas, harás las cosas de manera diferente.»

Échale un Vistazo a Tu Información

Es de esperar que no estés acusado ni siendo investigado. Estás, esperamos, cultivando tu visibilidad y reuniendo buena publicidad como parte de tu estrategia de desarrollo de carrera y búsqueda de trabajo. Vamos a comprobarlo.

- ▶ Cuando buscas tu nombre en Google, ¿qué aparece?
- ▶ ¿Cuántas conexiones tienes en LinkedIn?
- ▶ ¿Tienes un perfil completo en LinkedIn?

▶ ¿Qué has publicado últimamente en Twitter?

▶ ¿Cuándo fue la última vez que aportaste un comentario editorial juicioso sobre un artículo de importancia?

Hay algunas maneras útiles de construir tu visibilidad utilizando los recursos de los medios sociales. Y tener una gran visibilidad para que se te encuentre fácilmente es un ingrediente esencial para una gestión de carrera exitosa. ¿Pero cuánto es suficiente?

¿Muy Poco o Demasiado?

Hay una línea muy fina entre suficiente y demasiado. Probablemente es justo decir que la mayoría peca por no hacer lo suficiente. Con frecuencia nos sorprendemos y asombramos cuando una persona de negocios nos dice que ni siquiera tiene un perfil de LinkedIn, y mucho menos un video informativo en YouTube.

Por otra parte, si estás constantemente "allá afuera" corres el riesgo de crear demasiado "ruido". Tu mensaje puede diluirse, causando confusión acerca de tu marca o incluso crear una impresión negativa. Además, con espacios cuasi-públicos de medios sociales como Facebook, incluso tu vida personal, familia, amigos y actividades sociales pueden afectar tu imagen. Cualquiera de tus amigos de Facebook puede etiquetar una foto tuya, y puede no ser la que te gustaría que viera tu jefe.

Twitter también se ha convertido en una herramienta popular de RP. A veces los tweets proporcionan datos sobre temas interesantes y enlaces a nuevo contenido en la web. Sin embargo, algunos tweets hacen creer que el remitente es loco, odioso, o simplemente egocéntrico—no una buena impresión.

En general, quieres ser encontrado por las personas que están buscando a alguien como tú. Por lo tanto, tienes que aparecer en los lugares en los que están buscando y facilitarles el contacto contigo. Si estás promoviendo tu negocio o buscando un trabajo o tratando de estar en el radar de una industria, vale la pena tener un pensamiento estratégico y tomar algunas acciones dirigidas. Esto no sólo es estar en Facebook o Twitter o LinkedIn, o tener una página web o escribir un libro. Es saber qué recursos están disponibles y cómo utilizarlos mejor para tus propósitos, e invertir su tiempo y dinero selectiva y sabiamente. Así, cuando la oportunidad esté lista para tocar, puede encontrar tu puerta.

La moraleja de esta historia es la siguiente: Más RP es mejor que menos, y atraer publicidad es un ingrediente clave en la salsa secreta de un desarrollo exitoso de carrera. Mientras que la mayoría de nosotros estará de acuerdo en que cualquier RP no es necesariamente una buena RP, ningún tipo de RP es perjudicial para establecer y mantener nuestras marcas personales y en consecuencia nuestras carreras.

Así que te recomendamos que concentres tus esfuerzos en actividades importantes en los medios de comunicación social. Pero ten mucho cuidado de no exagerar y convertirte en una molestia.

ACERCA DE LAS VENTAS:
LAS ENTREVISTAS

Los Entrevistadores Saben
lo Que Hacen—¿O No?

> **SABIDURÍA CONVENCIONAL:** Los entrevistadores saben cómo realizar entrevistas y se puede confiar en que obtengan la información que apoye las decisiones de contratación.
>
> **NUEVO PENSAMIENTO:** Las habilidades del entrevistador abarcan una amplia gama, y nadie, desde la empresa contratante hasta el empleado prospectivo, debería dar por sentada la competencia del entrevistador.

No hace mucho tiempo, Businessweek reportó que la entrevista "estándar"—sentarse a hablar con la gerencia o recursos humanos—solo era un 7% acertada en la identificación de los candidatos calificados. Incluso los más sofisticados centros de evaluación y entrevistas situacionales acertaron sólo 44% y 54%, respectivamente. Obviamente, parte del problema aquí son las limitaciones del proceso y no solo la competencia del entrevistador.

Sin embargo, de todas las personas que hacen entrevistas—desde los investigadores del centro de contacto hasta los reclutadores (internos y externos), a los directivos y ejecutivos y los entrevistadores auxiliares como compañeros y clientes—pocos están realmente capacitados para entrevistar. Por otra parte, algunas entrevistas son con personas poco preparadas seleccionadas aleatoriamente, que en ocasiones ni siquiera vieron un currículo antes de sentarse con el postulante.

Piensa en esta situación. Se programa la entrevista de un candidato con alguien directamente involucrado con el trabajo al que se ha postulado. La persona que originalmente tenía programada la entrevista tiene que asistir a una reunión urgente. Como es demasiado tarde para cambiar la fecha, el entrevistador original mira a su alrededor para ver quién está disponible. Viendo que Sally todavía no ha salido a almorzar, el entrevistador dice, "Sally, tengo que entrevistar a un candidato en pocos minutos, y me acaban de llamar a una reunión urgente. Te agradecería que me remplaces," y se dirige a la puerta.

¿Con cuánta frecuencia ocurre esto? Mucha más de la que crees.

Controla la Entrevista

Aunque te entreviste la persona correcta, no hay ninguna garantía de que tendrás un buen entrevistador. A menudo los reclutadores de RH han recibido capacitación, pero en algunos casos las entrevistas no son su competencia principal. Muchos han aprendido por ensayo y error. Sorprendentemente, esto también es válido para muchos reclutadores externos. En el caso de los gerentes contratantes, su trabajo es dirigir sus departamentos—y entrevistar sólo es una función ocasional. Los gerentes pueden no ser buenos haciendo entrevistas e incluso puede no gustarles, y rara vez han recibido capacitación profesional. Lo peor de todo es que algunos malos entrevistadores creen que son realmente buenos en eso.

Como candidato para un trabajo, conseguir un buen entrevistador es una ocurrencia al azar. Nunca se sabe. Pero todavía no bajes las manos con desesperación. Si comprendes la estructura y el proceso de entrevista, puedes relajarte, ayudar a guiar el evento e influir en el resultado, aunque el entrevistador no tenga ninguna habilidad. Por ejemplo, si comprendes el modelo ideal del proceso que debe guiar a la persona que está frente a ti, podrás lograr el resultado deseado. Con este nivel de entendimiento, estarás mejor preparado para responder a las preguntas y sacar provecho de la situación, independientemente de lo inconexo o mal inexperto que sea el entrevistador.

Comprende los Tipos de Entrevistas

No todas las entrevistas son iguales. Hay un flujo natural, y cada tipo de entrevista tiene un objetivo específico. A veces éstos se combinarán y pueden repetirse más de una vez, pero los objetivos se mantienen constantes. Con el flujo en mente, puedes seguir la pista de donde estás y manejarte adecuadamente.

A continuación hay un esquema sencillo del flujo típico de la entrevista

Tipos de Entrevistas	Objetivo del Entrevistador
Primer Contacto	Aptitud general, ¿interés? Papeleo.
Filtro	¿Invertir tiempo en este candidato?
Integral (generalmente el jefe)	¿Pensar seriamente en este candidato?
Equipo de Pares	Opinión (no toman decisiones)
Pares del Jefe/Clientes	Opinión (no toman decisiones)
Jefe del Jefe	Veto, a menudo el finalista solamente
Social Informal (altos ejecutivos solamente)	Química
Directorio (altos ejecutivos solamente)	Afirmación, veto o cortesía, generalmente solo el finalista

Comprende el Proceso de la Entrevista

Para entrevistas telefónicas, video y en persona, hay un modelo que puede considerarse como la entrevista «ideal». Puesto que es una estructura teórica, la mayoría de los entrevistadores no la siguen en secuencia. Sin embargo, con este modelo en mente, un candidato puede entender la pregunta y elaborar una respuesta adecuada.

- ▶ *Los primeros cinco minutos:* Esto está diseñado para establecer las calificaciones de alto nivel del candidato (interés, compensación, disponibilidad), probar las capacidades básicas e identificar si hay química.
- ▶ *Alineación con las especificaciones:* Esto está diseñado para determinar a la correspondencia entre el «currículo» del candidato y los requisitos de la posición, determinar los conocimientos del candidato y evaluar sus capacidades y su posible contribución a la empresa.
- ▶ *Al grano:* Aquí el entrevistador descubre en qué tipo de ambiente se siente más cómodo el candidato, con qué tipo de gente le gusta trabajar y su estilo de gestión.
- ▶ *Comunicación y perspectiva:* Esto analiza cómo ven otras personas al candidato y cómo se considera candidato, cómo ve a los demás y a las organizaciones.
- ▶ *Gestión de vida y carrera:* Esto identifica las metas profesionales del candidato y evalúa las habilidades de gestión de carrera del candidato.
- ▶ *Preguntas difíciles, inesperadas:* Estas preguntas están diseñadas para poner a prueba la flexibilidad, rapidez de pensamiento y habilidad para expresarse bajo presión del candidato.

Esta información puede obtenerse en una entrevista, durante varias entrevistas, o incluso de una entrevista a otra. A algunos entrevistadores se les puede pedir que se concentren en un área específica. Con este modelo como brújula, los candidatos pueden mantener continuamente la compostura.

Desmitificación de las Entrevistas Conductuales

SABIDURÍA CONVENCIONAL: Entrevistas conductuales son complicadas y están diseñadas para desconcertarte.

NUEVO PENSAMIENTO: Si entiendes cómo funciona una entrevista conductual, es muy fácil.

Si estás en el proceso de las entrevistas, es probable que escuches "entrevista conductual", y no sepas lo que significa. Sin embargo, hay una buena posibilidad de que aunque no sepas lo que significa el término, hayas tenido una entrevista conductual.

Predecir el Futuro por el Pasado

Una "entrevista conductual" está diseñada para examinar las conductas anteriores de un candidato. Se basa en la suposición de que el comportamiento pasado es el mejor predictor del desempeño futuro.

Las entrevistas conductuales son populares hoy en día. Se utilizan en algún momento en casi todos los procesos de entrevistas, aunque el entrevistador no sea particularmente experimentado en el método.

Reconoce la Entrevista Conductual

¿Cómo puedes reconocer la entrevista conductual? En una entrevista conductual, se te pedirá que describas un momento en el que hiciste algo que ejemplifica una característica particular, cualidad o competencia que le interesan al entrevistador. La mayoría de las preguntas de la entrevista conductual comienzan con, «Cuéntame de alguna vez cuando…» o «Dame un ejemplo de una situación cuando….»

El entrevistador se puede detener después de que diste tu respuesta. Sin embargo, un entrevistador experto utilizará tu respuesta como punto de partida para indagar más sobre tus acciones y motivos. Se convierte en un baile. Puesto que el entrevistador no sabe tu respuesta por adelantado, un buen entrevistador será capaz de pasar de la primera pregunta a la siguiente y la siguiente, profundizando espontáneamente sobre tu experiencia a partir de la información que estás dando. El flujo de las preguntas se desarrollará para determinar si tienes las competencias, conocimientos, habilidades y capacidades—necesarios para hacer bien el trabajo. El proceso no es sólo una exploración al azar de tu pasado.

Por ejemplo, podría preguntarte, «Cuéntame sobre un momento en el que tuviste que tomar una decisión crítica en ausencia de tu jefe.» Dependiendo de lo que digas, la siguiente pregunta podría ser «¿De qué otra manera podrías haber manejado la situación?», o «¿De qué otra manera manejarías la situación en el futuro?» O bien, podría ser, «¿Cómo evaluó tu jefe tu decisión?», o «¿qué influencias externas afectaron el resultado de tus acciones?»

Preparación para la Entrevista Conductual

¿Cómo te puedes preparar para una entrevista conductual?

Aunque no hay manera de prepararse para las preguntas específicas que pueden hacerte, te puedes preparar para este tipo de preguntas en general.

1. Elige historias sobre tus experiencias que sean relevantes para tu trabajo objetivo.
2. Prepara tu escenario usando el modelo SAR:
    a. **S**ituación específica
    b. **A**cciones que realizaste
    c. **R**esultados—¿Qué pasó?

Es importante tener en cuenta que no es una cuestión de respuestas correctas o incorrectas. Además, no te pongas nervioso si algunos entrevistadores llevan al extremo el proceso. Por ejemplo, un candidato informó que a cada uno de sus entrevistadores les habían asignado una serie específica de preguntas de la entrevista conductual que estaban obligados a hacer. Hacían mecánicamente las preguntas que les habían asignado sin hacer ningún intento de lograr rapport. No intentaron ningún sondeo, conversación ni diálogo. Aunque fue una experiencia desagradable, el candidato estaba bien preparado y lo tomó con calma.

Recuerde que este tipo de entrevistas es un baile en el que el entrevistador empieza pero luego te sigue. Al entender cómo funcionan las entrevistas conductuales y tener tus escenarios cuidadosamente preparados, podrás relajarte y dejarte llevar por la corriente.

Los Entrevistadores
No Tienen «La Lista»

SABIDURÍA CONVENCIONAL: Con frecuencia, los entrevistadores te piden que describas tu mejor (o peor) ejemplo de una habilidad, atributo o experiencia y tienes que tener listo el elemento principal.

NUEVO PENSAMIENTO: No importa cuál sea realmente la mejor (o peor) situación o ejemplo. Lo que importa es que tu respuesta se corresponda con los requisitos, retos y responsabilidades del trabajo para el cual te están entrevistando.

Algunas de las preguntas más comunes en las entrevistas, especialmente por parte de los entrevistadores que creen que comportamiento pasado es el mejor predictor del futuro desempeño, comienzan con «Cuéntame acerca de…» Estas preguntas a menudo incluyen superlativos como "menos," "más," "mejor," y "peor."

- ¿Cuál fue el proyecto **menos** exitoso que gestionaste?
- ¿Cuál fue la situación de personal **más** difícil que manejaste?
- ¿De qué estás **más** orgulloso en tu carrera?
- ¿Cuál crees que es tu **mayor f**ortaleza/debilidad?
- ¿Cuál fue la **mejor** cultura empresarial en la que trabajaste?
- ¿Cuál fue la decisión **más** difícil que tomaste?
- ¿Cuál fue la relación **más** compleja con clientes que tuviste?

Si alguna vez has estado en el extremo receptor de una de estas preguntas, y lo más probable es que hayas estado—probablemente sentiste que tenías la doble misión de (a) escanear tu cerebro para encontrar un evento adecuado al superlativo y (b) elaborar una buena respuesta.

Casi siempre, los candidatos recuerdan sus experiencias, eligen las situaciones relevantes y mentalmente clasifican la lista en «más», «menos», etc., usando sus propios criterios de evaluación. Automáticamente creen que deben seleccionar el ejemplo perfecto para responder «correctamente» la pregunta. Lamentablemente, los candidatos suelen elegir hablar de una situación o un atributo que no tiene que ver con las necesidades, desafíos y responsabilidades del trabajo para el cual los están entrevistando.

¿Adivina qué? Los entrevistadores no tienen acceso a tu lista de experiencias. No tienen idea si el ejemplo elegido es en realidad el "mejor" o no.

La Mejor Respuesta No Es la "Mejor" (o "Peor")

Al responder a este tipo de pregunta, la clave es la pertinencia. Recuerda que estas «preguntas de las entrevistas conductuales» están diseñadas para determinar tu futuro desempeño basándose en el comportamiento pasado. Una vez que hayas elegido tu respuesta a la pregunta, querrás armarla usando SAR (situación, acciones, resultados) o un modelo parecido.

Esto no es un examen. Si entiendes que nadie tiene «La lista» más que tú, no te calificarán por presentar bien el mejor ejemplo, sino por dar un ejemplo que se relacione perfectamente con el trabajo al que te estás postulando.

Los Tres Osos: Demasiado Largo, Demasiado Corto, Adecuado

> SABIDURÍA CONVENCIONAL: La longitud correcta de una respuesta en la entrevista es intuitiva.
>
> NUEVO PENSAMIENTO: Calibrar la cantidad de tiempo pasado respondiendo a una pregunta es importante para mantener al entrevistador interesado en ti, y para mantener tu respuesta por buen camino. Hay un método para hacerlo bien.

La mayoría de la gente no tiene idea de cuál debería ser la longitud de una respuesta en una entrevista. Cuando un individuo es muy detallado, el entrevistador rápidamente pierde interés o deja de escuchar. Por otra parte, algunas personas no proporcionan suficiente información y el entrevistador tiene que preguntar (si se toma la molestia) una serie de preguntas para obtener la respuesta que realmente quiere del candidato.

El siguiente enfoque ayuda a un individuo a calibrar la cantidad de tiempo adecuada y responder a las preguntas de manera clara y sucinta. El enfoque también ayudará a los candidatos cuando una pregunta los toma desprevenidos.

Tres Pasos para Dar Buenas Respuestas

1. Replantea la pregunta.
2. Responde a la pregunta en una frase o menos. No esperes el final sorpresivo.
3. Explica la respuesta o da una razón o ejemplo en un par de frases.

Algunos ejemplos de cómo responderían «Los Tres Osos» a una pregunta en una entrevista. La primera respuesta es demasiado larga, la segunda es demasiado corta. La tercera respuesta —adivinaste—es adecuada.

P: ¿Con cuánta rapidez aprendes nuevas tecnologías?

Papá Oso: Siempre estoy atento a las cosas nuevas y tengo mucha experiencia. Soy muy bueno para aprender cosas y me encanta la tecnología en general. Hubo una vez cuando estaba en una compañía de procesamiento de cheques, y nos llegaron todos estos nuevos equipos. No nos dieron ninguna capacitación y tuvimos que aprender todo nosotros solos. Mi jefe sólo nos dio una semana para aprender. No pudimos encontrar los manuales en la primera semana, entonces tuvimos que…bla, bla, bla, bla, bla…. (demasiado tiempo, irrelevante, aburrida).

Mamá Oso: Muy rápido, es fácil para mí (demasiado corta, carece de información valiosa, no vende bien al candidato).

Bebé Oso: Aprende nuevas tecnologías muy rápidamente. Trabajo en una empresa de ritmo acelerado donde tenemos que estar al día con sus sistemas, que cambian con frecuencia. Puesto que generalmente no nos capacitan demasiado antes de empezar a usar los nuevos sistemas, me he vuelto muy diestro en aprender lo que necesito saber de los manuales y mi experiencia práctica (adecuada).

Con un poco de atención y práctica, puedes contestar las preguntas de la entrevista «adecuadamente.»

Las Buenas Entrevistas Son Más que Ejercicios de Preguntas y Respuestas

> **SABIDURÍA CONVENCIONAL:** En las entrevistas, el entrevistador te hace preguntas y tú las respondes de manera profesional y articulada. Luego, tú le haces preguntas pensadas y coherentes al entrevistador que subrayan tu preparación para la entrevista e interés en el trabajo.
>
> **NUEVO PENSAMIENTO:** Las mejores entrevistas—las que realmente llegan al punto—evolucionan orgánicamente en una discusión entre tú y el entrevistador.

Las entrevistas típicas suelen ser una sesión de preguntas y respuestas. No tienen que ser así, y las mejores no lo son. La mayoría de la gente—tanto los entrevistados como los que hacen la entrevista—creen que las entrevistas deben seguir una estructura determinada. Durante el primer 85% del tiempo asignado, el entrevistador hace las preguntas y el entrevistado las responde. El último 15% generalmente está dedicado a algunas preguntas que hace el entrevistado sobre la empresa o el trabajo, que demuestran su interés y preparación.

Es posible mostrar tus antecedentes, habilidades, experiencia y conocimiento, así como indicar cómo te desenvolverías en el trabajo, usando este método. Por desgracia, no hace nada para crear rapport. Este enfoque anodino limitará tu capacidad de alinearte con las necesidades de la empresa e incluso puede impedirte obtener la información crucial que necesita sobre el trabajo.

EL Modelo de Entrevista de Cinco Estrellas

Las mejores entrevistas deben ser un diálogo entre ti y el entrevistador. El secreto es usar nuestro «Modelo de Entrevista de Cinco Estrellas».

★   Su pregunta

★★   Tu respuesta

★★★ Tu pregunta

★★★★ Su respuesta

★★★★★ Tu respuesta de alineación

For example:

★   **Entrevistador:** ¿Cómo controlas el desempeño en tu organización?

★★   **Tú:** Confío mucho en los comentarios que recibo de los clientes y las personas clave de nuestra empresa.

★★★ **Tú:** ¿Hay problemas de rendimiento en el grupo que van a necesitar atención inmediata?

★★★★ **Entrevistador:** Este grupo se ha formado hace poco tiempo y francamente, todavía no tengo una buena evaluación de cómo se está desempeñando.

★★★★★ **Tú:** Estoy seguro de que puedo ayudar con eso. En mi último trabajo, en el grupo que dirigí había gente de tres diferentes departamentos que recientemente se habían fusionado en uno. En un par de semanas, me reuní personalmente con cada individuo, analicé los resultados del grupo y compartí mi evaluación con mi jefe.

Si este es un tema importante, el diálogo puede continuar con algunos intercambios más. Eso dependerá de la pregunta. El objetivo es ponerse en contacto con las necesidades del entrevistador y demostrar que puedes ayudar. Al usar este «modelo de entrevista de cinco estrellas» sin duda aprenderás mucho. Pero las verdaderas claves son interesar al entrevistador y alinearte con las necesidades de la empresa.

Tu «Talón de Aquiles» en las Entrevistas: Todos lo Tienen

> **SABIDURÍA CONVENCIONAL:** Si tienes un problema en tu trayectoria, haz lo posible por evitar que sea un tema de conversación en una entrevista.
>
> **NUEVO PENSAMIENTO:** Prepárate para responder a las preguntas sobre problemas en tu trayectoria—y cuando sea apropiado, trae a colación el tema y dilúyelo.

Aquiles:

En la mitología griega, Aquiles fue el héroe principal de la guerra de Troya. Cuando era un bebé fue sumergido en el Río Styx por su madre y se hizo invulnerable, excepto por el talón del que ella lo sostuvo.

Talón de Aquiles:

Una debilidad que parece pequeña pero hace a alguien o algo mortalmente vulnerable.

¿Cuál es la debilidad de tu trayectoria laboral que potencialmente podría provocarte más problemas en una entrevista? Tu "talón de Aquiles" podría ser la falta de un título universitario, una mala referencia de tu trabajo más reciente, cambios frecuentes de trabajo, conocimientos técnicos desactualizados, o (aunque es ilegal tenerlo en cuenta) tu edad.

Primero lo Primero: Asume tu Problema

No lo ignores. Identifica lo que te ha dado problemas en entrevistas anteriores o, si el tema es relativamente nuevo, identifica el tema que sabes que tienes que enfrentar. Escribe preguntas potenciales que puedan hacerte. Por ejemplo, si has tenido tres empleos en los últimos cuatro años, la pregunta puede ser algo como, "Por favor, explica tus cambios frecuentes de trabajo".

La Mejor Defensa Es un Buen Ataque

Cuando te prepares para tu entrevista, piensa bien cómo abordarás el tema.

1. *Plantea (o replantea) el tema:* "Entiendo su preocupación (o que a usted le preocupe que) he tenido tres empleos en los últimos cuatro años."

2. *Proporciona una razón:* "La economía ha sido difícil para muchas empresas. En mis dos últimos trabajos, una de las empresas para las que trabajé quebró. La otra redujo un 50% del personal y mi posición fue eliminada".

3. *Dale un giro positivo:*

   a. *Opción #1:* "Me considero afortunado de tener los conocimientos necesarios para estar empleado continuamente durante esa época, comparado con muchos de mis amigos que no han podido encontrar un trabajo."

   b. *Opción #2:* «Trabajar en cada una de estas diferentes empresas me ha dado mucha experiencia y perspectiva, que no hubiera adquirido de otra manera. Espero aplicar esta experiencia en mi próxima posición.»

Cuidado con el Elefante en la Habitación

¿Qué pasa con las situaciones donde hay un área problemática obvia, pero el entrevistador no la menciona? Puede que necesites ser proactivos para abordarla. Estas preocupaciones no reconocidas, como "el elefante en la habitación," no desaparecen y podrían ser perjudiciales para tus posibilidades de una oferta.

Los que están en ventas saben que el hecho de que un cliente no mencione una objeción, no significa que no hay ninguna. De hecho, los vendedores pasan mucho tiempo investigando las objeciones para poder abordarlas en lugar de que se conviertan en un factor decisivo. Es lo mismo con las entrevistas. Si no tienes la oportunidad de lidiar con el área problemática, tampoco tienes la oportunidad de diluirla. Tal vez no puedas tranquilizar al entrevistador, pero al menos habrás hecho tu mejor intento.

Todo el mundo tiene un talón de Aquiles en las entrevistas, lo diga o no. Asegúrate de identificar y elaborar buenas respuestas a las preguntas posibles y ten un plan para abordar las áreas problemáticas.

Finales Felices

Sabiduría Convencional: Ser ecuánime y capaz de pensar rápidamente es todo lo que se necesita para tener una buena entrevista.

Nuevo Pensamiento: El 95% de una entrevista exitosa ocurre antes de que entres por la puerta.

Este es un hecho. La persona que es contratada no va a ser la persona con el mejor currículo, la persona con los mejores contactos, ni la persona con la mejor experiencia. Será la persona que se desenvuelva mejor en la entrevista.

¿La Clave? Preparación:

En nuestra experiencia, por lo menos el 75% del éxito de una persona en una entrevista se debe a la preparación. Otro 20% de éxito en una entrevista se debe al aplomo y la confianza. Eso significa que apenas un 5% se debe al desempeño en el momento. El corolario interesante es que cuando una persona invierte tiempo y energía en la preparación para la entrevista, aumenta su confianza. ¡Voila! Mejores probabilidades de éxito.

Con los años, hemos desarrollado un modelo de preparación para la entrevista que realmente funciona. Consta de siete sencillos pasos que se detallan a continuación. Si bien los pasos son sencillos, toma tiempo y pensamiento hacer el trabajo. Así que no esperes hasta el día antes de tu gran entrevista para hacer el trabajo. La buena noticia es que cuando estás preparado para una entrevista, ya tienes lo básico listo para casi todas las entrevistas posteriores. Te recomendamos compilar tus notas, guiones y datos en un diario de entrevistas o archivo que puedas modificar, desarrollar y consultar a lo largo de tu carrera.

Siete Pasos para una Excelente Entrevista

Preparación para la entrevista—Paso 1: Prepara tu declaración «Acerca de mí.»
Más del 70% de los reclutadores y gerentes contratantes dicen que preguntan, "Háblame de ti." Siendo así, no hay excusa para no tener una respuesta concisa y convincente a esta pregunta en la punta de la lengua. Que tu respuesta se concentre en tu educación, experiencia laboral, y tus puntos fuertes que se relacionen con el trabajo para el cual te están entrevistando.

Si quieres o necesitas más ayuda para saber cómo presentarte, asegúrate de leer nuestro libro, Sé inteligente, que trata ampliamente las presentaciones.

Preparación para la entrevista—Paso 2: Identifica tus puntos fuertes
Esto puede parecer obvio, pero muchos de nosotros simplemente no reconocemos todos nuestros puntos fuertes. Para empezar con tu lista de activos, estudia tu currículo (sí, ¡estudia tu propio currículo!) y haz una lista de tus activos. También puedes un ejercicio de escritura rápida. Escribe todos los talentos y habilidades que tengas, que puedas pensar en dos minutos. Pon el timer de nuevo otros dos minutos, pero esta vez completa esta oración: «Yo soy…» con la mayor cantidad de atributos o adjetivos positivos que puedas pensar. Asegúrate de usar solo palabras con connotaciones positivas.

Luego toma las listas que hiciste y selecciona las cinco o seis características de las que estés más orgulloso, que se relacionen con los requisitos de tu trabajo objetivo. Redacta oraciones de apoyo usando las palabras seleccionadas. Que sean fuertes, audaces y activas y con suficiente sustancia para ser convincentes. El esquema básico de estas afirmaciones es:

Demostré mi _____ cuando yo _____.

Por ejemplo, digamos que demostraste tu "liderazgo" cuando «llevé a mi equipo al primer lugar del distrito con 35% de conversión. Lo hice compartiendo mi objetivo con mi equipo, haciéndolo prioritario, y alentándolo a ser parte de la solución.»

No seas modesto ni retraído. Sé audaz y activo en tus afirmaciones.

Preparación para la entrevista—Paso 3: Conoce tu Talón de Aquiles:

No hay nada peor que no tener una buena respuesta a una pregunta negativa. Prepárate para responderlas. De esta manera puedes asegurarte de responderlas bien:

Identifica una o dos de las partes más débiles de tu currículo, antecedentes, o experiencia. Luego elabora algunas posibles preguntas que te podrían hacer, basándote en estas debilidades. Practica las respuestas. Al responder a las preguntas, sé sincero y auténtico. Prepara una respuesta lógica y adecuada que te haga ver lo mejor posible. Si pasó algo negativo, demuestra cómo lo transformaste en una experiencia general positiva.

Prepárate para estas preguntas comunes:

- ▶ ¿Cuál es tu mayor debilidad?
- ▶ ¿De qué te arrepientes?
- ▶ ¿Qué errores cometiste?
- ▶ Si pudieras tener una segunda oportunidad, ¿cuál sería?

Cuando respondas estas preguntas, limítate a los negocios y respuestas relacionadas con el trabajo y evita los temas personales. Es más seguro elegir cosas que pasaron al principio de tu carrera. Y siempre termina con una nota positiva. Comparte lo que aprendiste, qué tuvo de bueno y cómo contribuyó a moldear la persona que eres. ¡Que siempre tenga un final feliz!

Recuerda escribir tus respuestas a estas preguntas y guárdalas en tu archivo de entrevistas.

Preparación para la entrevista—Paso 4: Prepara 5 a 8 escenarios

Asegúrate de haber preparado las respuestas para el tipo de preguntas que esperas que te hagan.

Prepara tus respuestas dando los antecedentes e indicando el problema que se encontró (si existe). Al responder la pregunta, comparte lo que hiciste, cómo manejaste la situación y por qué el resultado fue positivo. Siempre concéntrate en el resultado positivo, especialmente si lo ocurrido fue negativo. Comparte lo que aprendiste, si creaste un nuevo proceso o enfoque y, de nuevo, siempre termina con un final feliz. La vida pasa, los negocios pasan—lo que cuenta es lo que hiciste.

Preparación para la entrevista—Paso 5: Haz tu investigación

Para estar debidamente preparado para la entrevista, averigua todo lo que puedas sobre el puesto, la empresa, la unidad en la que estarás trabajando, la gente y el gerente contratante. Haz una lista de preguntas a las que te gustaría conocer las respuestas: principales necesidades, desafíos, riesgos, reputación de la compañía, competencia y cultura. Tratar de encontrar esas respuestas en tu investigación.

Puedes encontrar algunas de estas informaciones en fuentes formales: la descripción del trabajo o publicación; material de la empresa como informes anuales, sitio web de empresa o folletos; publicaciones de la industria y directorios; registro de directores y ejecutivos de la corporación; informes de analistas de Wall Street; y el departamento de relaciones públicas. Internet también es una rica fuente para la investigación. En particular, Wikipedia se ha convertido en una fuente sólida y en rápida expansión de información de empresas e industria. Además, cada vez más empresas están creando perfiles empresarios en LinkedIn. También puedes acudir a fuentes informales como empleados actuales y ex empleados, colegas, competidores, proveedores, clientes, reclutadores o incluso la recepcionista de la empresa.

Preparación para la entrevista—Paso 6: Prepara de antemano 5 a 6 preguntas para hacerle al entrevistador

Cuando el entrevistador te pregunte si tienes alguna pregunta, tu respuesta debe ser «sí». Asegúrate de tener varias preguntas preparadas de antemano. Está bien consultar tus notas durante esta parte de la entrevista.

Solo recuerda que las preguntas que hagas no sean sobre el sueldo ni cualquier inquietud personal o problemas que tengas. En cambio, concéntrate en preguntas que demuestren tu capacidad de pensamiento crítico. Deben demostrar que eres perspicaz y experto en temas de actualidad y deben indicar cómo piensas, cómo enfrentas tu trabajo y cómo puedes contribuir.

Preparación para la entrevista—Paso 7: Practica, practica, practica

Ahora que tienes todas tus preguntas y afirmaciones preparadas, practica con un amigo o entrenador. Crea y mantén tu diario de entrevistas, donde podrás hacer el seguimiento de buenas respuestas cuando se te ocurran o cuando escuches las de otros. También es donde puedes registrar y desarrollar respuestas a las preguntas para las que no estabas preparado.

Siempre les sugerimos a los clientes que incluyan un reporte posterior a la entrevista en su diario de entrevistas. Puedes usar un formato simple que registre tu evaluación de las fortalezas, dificultades o desafíos, habilidad para comprometer al entrevistador y recomendaciones "a ti mismo" para mejorar en futuras entrevistas. También puede ser una herramienta útil para la gestión del seguimiento de elementos de la entrevista, como notas de agradecimiento, documentos que tengas que reenviar y otras actividades claves relacionadas con esta empresa y este trabajo.

Finalmente, si estás particularmente interesado en un trabajo específico, trata de que no sea la primera entrevista a la que vayas. En cambio, asiste a varias entrevistas «de práctica» si fuera posible.

Qué Hacer y Qué No Hacer en las Entrevistas

Primero, qué hacer:

▶ Al preparar tus respuestas, asegúrate de que tomen más de dos minutos. Ve al grano. Da respuestas concisas y precisas.

▶ Responde la pregunta. Luego explica o amplía. En vez de decir «sí» o «no», asegúrate de dar un ejemplo. Una buena regla es dar una respuesta de al menos 30 segundos.

▶ Deja que el entrevistador haga "doble clic". Si el entrevistador quiere algo más específico, él o ella te sondeará. Si te sientes quieren algo más, está bien preguntar, «¿respondí adecuadamente su pregunta?» o «necesita más información?» Te harán más preguntas sobre lo que les interese más.

▶ No solo hables. Trata de equilibrar tu plática. La entrevista deben ser un diálogo, no un monólogo.

▶ Está bien tomarte una pausa para pensar antes de responder.

▶ Está bien pedir aclaraciones.

Ahora, lo que no hay que hacer:

▶ NUNCA hables de dinero—hay un momento y una manera de abordar la compensación.

▶ NUNCA hables mal de tu ex empresa o jefe.

▶ NUNCA mientas: Dar un giro—SÍ, Mentir—NO.

▶ NUNCA llegues tarde.

▶ NUNCA dejes de tener a mano currículos adicionales, biografías y tarjetas de visita.

▶ NUNCA te olvides de enviar notas de agradecimiento.

▶ NUNCA rechaces el trabajo durante una entrevista. Permanece en el juego. Si no recibes una oferta, no tienes la oportunidad de rechazarla o negociar.

Las entrevistas son como el viejo programa de televisión "El juego de las citas". Quieres que el entrevistador se enamore de ti. Convéncelo de que eres el mejor candidato.

Con una preparación diligente y juiciosa, podrás celebrar un final feliz de una búsqueda exitosa de trabajo.

Claves para Preparar Escenarios de Entrevistas Poderosos y Eficaces

Una buena preparación para entrevistas incluye de 5 a 8 escenarios. Con algunas historias bien pensadas y cuidadosamente preparadas, puedes responder a cualquier pregunta que te puedan hacer en una entrevista conductual. Elige varias situaciones en las que te sentiste particularmente orgulloso de tu desempeño y resultados. Tal vez ganaste un premio, recibiste reconocimiento público o incluso obtuviste un ascenso. Estas "historias" pueden surgir de los logros de tu currículo, o tal vez provengan de evaluaciones de desempeño o recomendaciones personales.

Algunos (2-3) de tus escenarios tienen que ser «negativos»—experiencias donde el proyecto no salió como estaba planeado, hubo una mala la decisión, el resultado fue decepcionante por alguna razón. La forma en que manejas un resultado negativo puede indicarle al gerente contratante mucho sobre tu carácter, tu sentido de responsabilidad, tu coraje y tu capacidad para solucionar problemas. Tu franqueza y transparencia podrían marcar toda la diferencia entre conseguir la oferta y terminar en segundo lugar.

Completa las tres primeras partes para cada escenario de entrevista que prepares. Luego completa también las partes 4 y 5 para los escenarios negativos.

Parte 1. Descripción del problema o asunto. Comparte brevemente los antecedentes de la situación o problema. ¿Cuál fue el problema? ¿Por qué fue un problema? ¿Cuál fue tu papel o responsabilidad en esas circunstancias? Sé conciso y mantén los detalles al mínimo necesario para presentar la historia.

Parte 2. Lo que hiciste. Describe qué acciones tomaste y cómo llegaste a esas decisiones. Destacar el proceso para tomar la decisión. Indican cómo superaste barreras u obstáculos. Aunque la situación haya sido un esfuerzo de equipo, el foco está en tus acciones y tus aportes.

Parte 3. Resultado: Resume el resultado positivo (o negativo) de tus esfuerzos o decisiones. Si es posible incluye datos cuantificables.

□ □ □

Si este escenario es «negativo», debes incluir las siguientes dos partes.

Parte 4. Lo que hiciste para solucionarlo. Si el proyecto fue un fracaso o tuviste que revertir una decisión, entonces indica qué medidas tomaste para solucionarlo y volver al buen camino—con tus clientes, tus empleados, tu jefe, o quien fuera afectado por el resultado. Describe cómo asumiste tu responsabilidad y cómo lograste un mejor resultado.

Parte 5. Lo que aprendiste de la experiencia. Todos cometemos errores, nadie es perfecto. Pero no deberías aprender una y otra vez la misma lección. En una entrevista, quieres asegurarle al gerente contratante que has aprendido una lección importante de la situación y que no tendrás que aprender otra vez. Para terminar con un final feliz, debes resumir un nuevo proceso o herramienta que adoptaste para garantizar tu éxito en situaciones similares en el futuro.

Terminemos con la Confusión
Sobre las Preguntas Ilegales

SABIDURÍA CONVENCIONAL: Hay un montón de cosas que se supone que los entrevistadores no deben preguntar, pero para el entrevistado promedio de todos modos va a ser estresante darse cuenta si una pregunta es ilegal y si es así, qué hacer al respecto.

NUEVO PENSAMIENTO: Identificar preguntas ilegales es sencillo y sólo se requiere un poco de sutileza para manejarlas.

La mayoría de las preguntas ilegales no son intencionales ni maliciosas. Casi todas son planteadas inocentemente por un entrevistador poco sofisticado e inexperto. Las áreas más comunes de traspiés son la edad, la disponibilidad de trabajo y de viaje, lugar de nacimiento y ciudadanía, clubes y afiliaciones, discapacidad, estatus económico, nombre (por ejemplo, el cambio de nombre, apellido de soltera), planificación familiar y parientes. Sabiendo esto, puedes lidiar con ellas desde el punto de vista de que una pregunta está bien si se relaciona con el trabajo y es ilegal si no.

Además, los entrevistadores tienen que hacer preguntas generales, sin referirse a tipos particulares de candidatos, por ejemplo, solo mujeres. A menudo lo que ocurre es que un entrevistador bienintencionado hace una pregunta «sustituta» basada en supuestos erróneos.

Por ejemplo, le podrían preguntar a una mujer, «¿está casada?» en vez de «¿estaría dispuesta a viajar fuera de la ciudad?»

Ejemplos de Situaciones

Situación: Al empleador le gustaría alguien que hable español porque muchos de sus clientes hablan español.

Pregunta legal relacionada con el trabajo: ¿Habla español? ¿Qué nivel?—¿fluido o conversacional?

Pregunta ilegal: ¿Qué idiomas habla? (Si resulta que hablas chino mandarín, no sólo es irrelevante sino que puede ser causa de discriminación).

Situación: El trabajo requiere tiempo extra, a veces sin mucha anticipación

Pregunta legal relacionada con el trabajo: ¿Hay alguna circunstancia que le impediría trabajar horas extras sin saberlo con mucha anticipación?

Pregunta ilegal: ¿Tiene hijos menores de diez años? (En primer lugar, es poco probable que esto se relacione con el trabajo. En segundo lugar, ¿crees que también les hacen esta pregunta a los hombres? Y por cierto, el entrevistador no sabe que la mujer puede ser el sostén de la familia y el marido el que cuida a los niños.)

Algunas empresas les dan a los entrevistadores cuestionarios estructurados como guía. Esto ayuda a generar preguntas legales y establece un proceso de entrevista consistente para múltiples candidatos, reduciendo posibles demandas por discriminación. En otras empresas, es un campo libre.

¿Qué Puedes Hacer?

1. Puedes irritar al entrevistador. Puedes expresar que te hizo una pregunta ilegal y eso garantizará que no obtengas el empleo.

2. Puedes responder la pregunta. Tal vez no sea el lugar para hacer una montaña de un grano de arena. Si no parece ser un gran problema, ¿por qué no contestar la pregunta? Por otra parte, no tienes que hacerlo.

3. Puedes tratar la pregunta con sutileza. Descubrir lo que el entrevistador en realidad trata de averiguar y redirigir tu respuesta para abordar el requisito del trabajo. Por ejemplo, si te pregunta si tienes hijos, podrías decir, «estoy completamente preparado para las responsabilidades de este trabajo y no tengo otras responsabilidades que pudieran interferir en mi trabajo.»

4. Puedes revertir la pregunta al entrevistador. En lugar de esquivar la cuestión o irritar el entrevistador, podrías preguntar cortésmente cómo se relaciona el tema con los requisitos del trabajo.

Manejar las preguntas ilegales en "tiempo real" puede ser difícil, pero si tienes en cuenta el principio—cómo se relaciona con el trabajo—vas a estar bien.

No Todos los Consejos Son Buenos

> **SABIDURÍA CONVENCIONAL:** Cualquier persona que esté en el negocio de ayudar a la gente a ser contratada tiene buenos consejos.
>
> **NUEVO PENSAMIENTO:** Hay un montón de malos consejos por ahí.

Nos sorprenden los malos consejos que hay por ahí, incluso de fuentes que uno esperaría que fueran expertas. En particular, desconfía de los consejos publicados en línea, donde es fácil que cualquiera se posicione como un experto.

El siguiente ejemplo es de un blog con consejos que nos envió un cliente hace poco. El autor sugería tres preguntas para que usen los entrevistadores, luego sugería las respuestas "correctas" y explicaba por qué. En nuestra opinión, este podría ser el ejemplo más alucinante de malos consejos que hemos visto.

Fue publicado por una «una empresa diversificada de búsqueda y colocación especializada en ejecutivos de ventas y marketing dentro de la industria de servicios financieros.» La firma dice que ofrece «una estrategia de reclutamiento completa a través de inteligencia competitiva, relaciones con la industria, investigación detallada y planificación estratégica.»

Publicación Original, Exactamente como Aparecía

Tres buenas preguntas de la entrevista de trabajo

Todo el mundo ha escuchado las preguntas estándar de las entrevistas. ¿Por qué quiere trabajar en esta empresa? ¿Qué lo motiva? ¿Cuál es su mayor fortaleza? El problema con estas preguntas es que todos tienen una respuesta estándar. Las preguntas no tradicionales, posiblemente tontas, pueden proporcionar una idea del intelecto, antecedentes y motivación de un individuo.

P. Preguntar a un candidato a qué se dedican sus padres o sus hermanos.

R. No es raro que un individuo siga la misma trayectoria de carrera que sus padres o hermanos. Aunque no siempre es el caso, se podría argumentar que éxito produce éxito.

P. ¿El candidato hace sus propias declaraciones de impuestos?

R. Esta pregunta aparece en varios tests de personalidad que los candidatos realizan después de terminar el proceso de entrevista. La idea es que un individuo que utiliza a alguien para ayudarlo a hacer sus propias declaraciones de impuestos valora las ideas de los demás y es más hábil para trabajar en equipo.

P. Preguntarle al candidato por qué son redondas las tapas de las alcantarillas de la ciudad.

R. Microsoft es conocida por hacer esta pregunta en sus entrevistas. La respuesta es doble. Las tapas son redondos para que no se caigan dentro de la alcantarilla. Además, una tapa de alcantarilla es redonda porque es más fácil moverla (se puede hacer rodar en vez de tener que levantarla). Quien pueda responder a esta pregunta sabe cómo pensar.

Nuestros Comentarios Publicados

Si bien su información es interesante, estas son preguntas deficientes, no buenas. Reflejan supuestos que son infundados y, en algunos casos, ilegales. Para ser una pregunta legal en una entrevista, debe tener relación con el trabajo. Preguntarle a un candidato a qué se dedican sus padres o sus hermanos es una de las preguntas ilegales más obvias. Se les debería enseñar a los candidatos a reconocer estas preguntas y a responderlas específicamente con relación a los requisitos del trabajo.

En cuanto a hacer sus propias declaraciones de impuestos, independientemente de cuántas veces se haga esta pregunta en los tests de "personalidad", la suposición de que hacer que otra persona las haga es una medida de algo, resulta absurdo. Hay numerosos ejemplos de personas que hacen sus propios impuestos y también valoran la opinión de los demás y trabajan bien en equipo — que son suficientemente inteligentes como para hacer sus impuestos, especialmente con todo el software disponible actualmente, que hacen cuidadosamente los cálculos de tiempo y dinero que implica hacerlo ellos mismos y toman una decisión informada. Por otra parte, esta pregunta está demasiado cerca de los límites de la legalidad al indagar indebidamente sobre la vida personal del candidato.

En todo caso, la pregunta debería ser «¿Cómo decide si hace sus propias declaraciones de impuestos?," lo que puede dar una idea de cómo toma las decisiones esa persona, lo que a menudo puede relacionarse con el trabajo. Así, el candidato no está obligado a revelar nada indebidamente personal—aunque igual hay que tener cuidado porque el candidato puede interpretarlo como una exigencia de revelar lo que hace.

Y finalmente, sí, la cuestión de la «alcantarilla» está dando vueltas desde hace mucho tiempo. Es interesante, pero francamente irrelevante—cómo manejar una pregunta para la que no conoces la respuesta es más importante que acertar la respuesta. A los buenos entrevistadores les debería interesar cómo piensa un candidato, cómo toma decisiones y cómo actúa, no si da la respuesta correcta a una pregunta capciosa o ilegal. Esto lo puede determinar más eficazmente un entrevistador experto en entrevista conductual utilizando preguntas totalmente legales y relacionadas con el trabajo.

¿Necesitamos decir más?

Una Entrevista No Es un Trabajo de Consultoría

SABIDURÍA CONVENCIONAL: No actúes por tu propia cuenta y riesgo. Los entrevistadores tienen todas las cartas.

NUEVO PENSAMIENTO: No tienes que «revelar nada» para obtener el trabajo.

Explotar tus conocimientos es una técnica común en las entrevistas de algunas empresas. Usando el proceso de las entrevistas, les piden a los candidatos soluciones a problemas específicos, planes de lo que harían si fueran seleccionados para el trabajo, o incluso evaluaciones integrales de estrategias.

Tuvimos una cliente que estaba en la lista de candidatos para un puesto ejecutivo senior y la empresa le pidió este tipo de información. Después del hecho, ella nos dijo que la había dado. Le llevó muchas horas compilar la información, que entregó en un informe de 20 páginas. ¿Adivina qué? No consiguió el trabajo. Eventualmente seleccionaron a otro candidato pero mientras tanto consiguieron consultoría gratis de todos los demás. Francamente, aunque fuera una petición razonable, como candidato simplemente no sabes lo suficiente sobre la empresa, la cultura, la gente o los problemas como para proporcionar ese tipo de planes y orientación adecuada.

A otro cliente, un ejecutivo de ventas, le pidieron que proporcionara una lista de sus principales contactos en el mercado, ostensiblemente para demostrar su credibilidad y demostrar que él podría traer una cartera de negocios y generar ingresos para la nueva compañía. Sabiamente, decidió no hacerlo—y consiguió el trabajo de todos modos. La compañía tenía otras maneras, por ejemplo hablar con referencias, para evaluar las capacidades de este candidato.

Establecer Límites

Muchos candidatos asumen que tienen que cumplir con esas solicitudes si quieren ser considerados seriamente. Eso no es cierto.

Cuando una solicitud de una organización se siente como un trabajo de consultoría o el uso de tus conocimientos sin compensación, probablemente está fuera de lugar. Es así de simple.

Entonces, ¿cómo puedes seguir en carrera sin dar tus servicios de consultoría, su base de datos de contacto, información confidencial de la empresa previa, tu propiedad intelectual o tu valioso tiempo? Después de todo, quieres el trabajo. Pero también quieres asegurarte de no pagar un precio muy alto.

La clave para una respuesta apropiada es decir "no" pero dar una opción aceptable para satisfacer el objetivo.

Solicitud de contactos: Esta es una fácil. No. Con gusto puedes proporcionar referencias (que, por cierto, están dispuestas a aceptar una llamada en tu nombre). Estas personas claves pueden validar tus habilidades y capacidades de construir y mantener una red profesional relevante.

Información confidencial de la compañía: Esta también es fácil. No. La clave aquí es tratar esta solicitud con elegancia pero con firmeza. Una buena respuesta es, "Por desgracia, esta es información confidencial y no estoy en libertad de compartirla". Fin de la conversación. Si te presionan más aclara y repite. Nunca se sabe, esta puede ser una prueba sobre cómo manejas la información confidencial.

Propiedad intelectual: Esta solicitud es un poco más complicada. Hay varias respuestas apropiadas y razonables. Hay ciertos elementos, como un libro publicado o algo que se pueda conseguir del dominio público, que puedes darles. Por otra parte, puedes tener modelos registrados, fórmulas o soluciones que no estás dispuesto a revelar a estas alturas de la conversación. En la última situación, la respuesta debe indicar que estarías dispuesto a negociar cómo podrías compartir esta información al ser contratado. En medio de estos dos extremos están tus "productos de trabajo," como manuales de capacitación, presentaciones o portafolio de materiales creativos. Tu respuesta podría ser ofrecer una sesión de «presentación», pero te recomendamos que no des tus materiales por adelantado o ni los dejes. Es tu elección, por supuesto, pero te invitamos a considerar lo que vale tu propiedad intelectual.

Presentaciones: Si tu trabajo objetivo requiere un elemento de plática, capacitación o «desempeño», te podrían pedir que hagas una presentación. Lo más probable es que sea una prueba de habilidad y sería una solicitud perfectamente apropiada. Deberías estar dispuesto a cumplir. Asegúrate de tener en claro, sin embargo, si el propósito de la presentación es para medir tus habilidades o adquirir tu contenido.

Servicios de consultoría: Esta área es muy confusa. Por un lado, debes proporcionar suficiente información cualitativa para validar tu competencia. Sin embargo, en algún momento lo que proporciones puede cruzar el límite y ser «consultoría gratuita.» Dónde fijar el límite es una decisión juiciosa. Considera estos criterios:

- ▶ ¿El resultado es un documento o una conversación?
- ▶ ¿Se puede hacer rápidamente, o es un gran proyecto?
- ▶ ¿Es un resumen o una evaluación integral?
- ▶ ¿Están pidiendo enfoques o soluciones?
- ▶ ¿Requiere conocimientos únicos o conocimientos que no tendría alguien que no fuera empleado?
- ▶ ¿Es una pregunta hipotética o un verdadero problema que la empresa está enfrentando?

Por ejemplo, digamos que eres un ejecutivo de TI, y te están entrevistando para un puesto de Director de desarrollo de aplicaciones. Como parte del proceso de la entrevista, la compañía comparte que están pensando en implementar una estrategia global de computación en la nube. En una ocasión, te piden que proporciones una completa comparación y evaluación de tres diferentes soluciones que están considerando. En este caso, en realidad te están pidiendo consultoría gratuita. Tu respuesta es «no». Puedes explicar que hay demasiados factores y consideraciones ambientales desconocidas para ti como para proporcionar este nivel de evaluación.

Por otro lado, la empresa podría hacer una pregunta de entrevista conductual como, «Háblame de algún momento en el que evaluaste diferentes soluciones de infraestructura que tendrían un impacto global en la empresa.» Esta pregunta explora tu desempeño previo y experiencia en la toma de este tipo de decisiones. Otra forma en que la compañía podría abordar este tema sería preguntar, "¿cómo diseñarías una estrategia de computación en la nube?" Esta pregunta te invita a comentar sobre tu proceso de pensamiento y cómo tomas decisiones. En cualquiera de estas situaciones, quieres ser lo más directo y minucioso posible al responder la pregunta.

La conclusión es que en cualquier situación de entrevista, tienes la oportunidad de evaluar legítimamente la razonabilidad de la solicitud. Sólo porque te digan que «saltes», no tienes que responder «¿cuán alto?» Valora lo que aportas. Mientras seas profesional, puedes decir "no" a las solicitudes irracionales y seguir en carrera. En algunos casos, te puede conseguir el empleo.

Las Referencias Son Activos—
No las Dilapides

SABIDURÍA CONVENCIONAL: Incluye una lista de contactos en tu currículo o ten una hoja de tus referencias a mano para darle a un entrevistador.

NUEVO PENSAMIENTO: Ten en mente varios nombres de personas que los entrevistadores puedan llamar pero proporciónala más tarde, después de la entrevista.

Muchas compañías están obligadas a obtener referencias y las formas básicas que llenas, especialmente cuando te postulas en línea, requieren que las enumeres. Siempre ten tres referencias que te hayan dado permiso para ponerlas en las solicitudes que llenas. Con ese fin, siempre asegúrate de que estas referencias son serias. Esta gente debe saber que está en la lista, estar preparada para una llamada y también debe conocer los trabajos a los que te estás postulando y las empresas.

Referencias Adecuadas y una Persona Que No Debe Estar en Tu Lista

Para graduados universitarios y la gestión de nivel superior donde generalmente hay varias entrevistas, típicamente se piden las referencias en la segunda o tercera entrevista. En lugar de usar tu lista básica, querrás darle al entrevistador un grupo de referencias bien pensadas. En este punto sabrás más sobre la empresa y el trabajo y podrás adaptar tus referencias según las que te pueden representar mejor para ese trabajo en particular. Vas a querer elegir referencias que puedan hablar sobre cómo tus calificaciones satisfacen las necesidades de la organización y el trabajo. Si conoces a alguien que esté vinculado con la organización o la industria, y esa persona te puede evaluar honestamente, él o ella podría ser una excelente referencia.

A menos que existan circunstancias especiales, una persona que no debería estar en tu lista de referencias es tu actual supervisor. Normalmente, es inapropiado que el reclutador llame a la compañía en la que estás trabajando actualmente para pedir referencias. Si un entrevistador pregunta si puede contactar a tu supervisor actual, no dudes en decir que "no".

Dónde y Cuándo

Mucha gente sabe que no debe enumerar sus referencias directamente en sus currículos. Sin embargo, todavía vemos a un montón de solicitantes de empleo que incluyen la línea "referencias disponibles a solicitud." Bueno, obvio. Por supuesto que tus referencias están disponibles a solicitud. Este es un agregado obsoleto de épocas pasadas.

En algún momento, cuando una empresa está seriamente interesada en ti, te pedirá referencias. No saques una página con referencias preparadas. En vez de eso, dile al entrevistador que te dará mucho gusto proporcionar referencias y que se las podrás entregar a la mañana siguiente.

¿Por qué? Durante la búsqueda de empleo, las referencias son uno de los mayores activos y deben ser tratadas con cuidado y con respeto. Querrás pensar cuidadosamente en el empleo y la empresa y elegir las referencias que hablarán mejor de ti en esa circunstancia. También querrás un poco de tiempo para llamar a la referencia y avisarle que la llamarán y discutir el trabajo con ella para que tome la llamada y esté preparada para hablar de ti. Idealmente, esto te da la oportunidad de saber qué va a decir de ti. Además, no quieres que tu referencia esté de vacaciones en Hong Kong por un mes cuando la llame tu posible empleador.

Y, de vez en cuando, alguien puede preferir no ser una referencia para el trabajo o la empresa, y les está dando la oportunidad de decir que no. No quieres ponerla en una posición incómoda o peor aún, que den una mala referencia.

Piensa en tus referencias como si fueran oro. No las desperdicies enumerándolas en tu currículo o dándolas prematuramente. Con un poco de preparación, puedes asegurarte de que tus recomendaciones se adapten a tu situación y hagan lo que se supone que tienen que hacer—ayudarte a conseguir el empleo.

ACERCA DEL DINERO:

OFERTA, NEGOCIACIÓN Y COMPENSACIÓN

♫ Dinero, Dinero, Dinero, Dinero . . . DINERO! ♫

> **SABIDURÍA CONVENCIONAL:** Si alguien te pregunta acerca de tus expectativas salariales, dale una cifra.
>
> **NUEVO PENSAMIENTO:** Si alguien te pregunta acerca de tus expectativas salariales, NO le des una cifra.

Hablar de dinero en el proceso de la entrevista es un tema complicado. Es una de esas áreas donde puedes hacer más daño que bien. Por un lado, quieres permanecer en carrera, superar el temprano proceso de selección, obtener la entrevista y finalmente conseguir la oferta de trabajo. Aunque la oferta no sea lo que quieres o necesitas desde el principio, generalmente puedes negociar algo más atractivo o puedes rechazarla Resumiendo, si no tienes una entrevista, nunca obtendrás la oferta de trabajo. Y si no recibes una oferta, no tendrás la oportunidad de ver si la empresa puede hacer que la compensación te sirva.

Por otro lado, ¿cómo sabes si el trabajo es algo que quieres o si puedes cobrar lo que te mereces si no hablas de dinero? Los entrevistadores, especialmente durante el proceso de selección, casi siempre preguntarán sobre el dinero. Necesitan confirmar desde el principio si estás en el rango y por lo tanto estás "calificado" para seguir adelante. ¿Qué tiene de malo decirles cuál es tu objetivo de sueldo? Lo esperan, ¿no es así? Con demasiada frecuencia, los candidatos dan una cifra.

La realidad es que en cuanto le das una cifra al entrevistador, te pones en desventaja. Tus probabilidades de acertar con el salario presupuestado son infinitamente bajas. Puede que tengas suerte, pero es más probable que obtengas uno de los dos siguientes resultados: 1) das una cantidad que el entrevistador cree que es demasiado alta, y tus perspectivas de seguir avanzando en el proceso se cortan de raíz; o 2) les das una cantidad demasiado baja, y habrás establecido el techo de la oferta que finalmente te harán. De cualquier manera, disminuiste tu potencial y «apostaste en tu contra» Te arriesgas a descalificarte o a perder dinero.

Hay una importante suposición general a tener en cuenta cuando consideras las discusiones sobre dinero. Básicamente, si el alcance y el contenido del trabajo alcance parecen encajar en lo que te interesa y estás calificado para realizar, entonces la ley de las fuerzas del mercado debe resultar en una estructura de compensación competitiva y apropiada. Así que no estés demasiado pendiente del dinero antes de tener la oportunidad de obtener más información y también presentarte de la mejor manera.

También aplican dos importantes principios de las entrevistas. En primer lugar, "la práctica hace al maestro."Trata de mantenerte en carrera mientras puedas, aunque sólo sea para tener más experiencia en las entrevistas. Por supuesto, puede haber algunas ocasiones en las que el trabajo obviamente no es una buena opción u otros factores que te hagan decidir desde el principio que no aceptarías una oferta aunque te la dieran. También, por tu integridad y respeto por el proceso, puedes decidir que retirarte de la competición es lo correcto por una serie de razones. Sin embargo, te sugerimos mantener la mente abierta y no hacer suposiciones negativas prematuramente. Además, podrías ser auténtico y transparente con tus entrevistadores mientras siguen las tratativas en algún nivel. Quién sabe, ¡podrías decidir cambiar las especificaciones de trabajo una vez que lleguen a conocerte!

En segundo lugar, la gente con la que hablas durante el proceso de las entrevistas se convierten en nuevos contactos de tu red. Si tienen buena química o algunas cosas en común, pueden añadirse a tu creciente red de recursos profesionales. Si aceptas el trabajo, tienes nuevos aliados en la empresa. Si no ganas el trabajo, todavía tienes los recursos para seguir en contacto. Recuerda obtener sus tarjetas de visita, añádelos a tu base de datos de contactos e invítalos a conectarse inmediatamente en LinkedIn.

La Manera de Preguntar Hace la Diferencia

Fundamentalmente, un entrevistador puede preguntarte acerca del dinero de dos maneras diferentes.

Las preguntas más comunes son como estas:

- ▶ "¿Cuánto esperas que te paguen por este trabajo?"
- ▶ "¿Cuáles son tus expectativas salariales?"
- ▶ "¿Qué compensación estás buscando?"

Básicamente, generalmente el que hace la pregunta es el que está haciendo la selección, y sólo quiere confirmar que el dinero que esperas recibir esté dentro de lo que están dispuestos a pagar. Su trabajo es «calificar a los candidatos» y no hacer pasar a la siguiente etapa a alguien que no encaja en el perfil.

La respuesta a esta forma de pregunta es no darles una cifra—ni siquiera un rango si lo puedes evitar. No te sientas tentado. Sí, es más fácil dar la cifra, pero no lo hagas.

La respuesta "correcta" a esta pregunta es que te califiquen diciendo algo como, «basándome en mi comprensión de este trabajo, las responsabilidades y el alcance, estoy seguro de que un paquete de compensación competitivo (o salario) va a estar bien.» Otra forma de responder sería "Estoy esperando una remuneración de mercado que refleje las responsabilidades y requerimientos de esta función". Si el selector lo deja ahí, genial. No digas nada más.

Pero algunos entrevistadores indagan más. Si sigue presionando para que le des una cifra, y estás seguro de que no se dará por vencidos, dalo vuelta y pregúntales— diplomáticamente por supuesto— «¿Cuál es el rango específico para este trabajo?» A menos que sea ridículo, di algo como, "me siento cómodo con ese rango". Además, sólo una nota al margen: Si el rango es absurdo, entonces debe haber algo que no entiendes sobre el trabajo. Pide aclaraciones.

Una forma menos común, pero más perspicaz de hacer la pregunta, es:

- ▶ «¿Cuánto estás ganando actualmente?»
- ▶ «¿Cuánto ganabas en tu último trabajo?»

De esta manera, piden datos y hechos reales, no especulaciones. Darás la impresión de ser poco fiable o peor, sospechoso, si intentas esquivar esta forma de la pregunta. Así que en esta situación realmente tienes que darles una cifra. Pero hay algunos factores sutiles a considerar para dar tu respuesta. En la mayoría de los casos, quieres tener en cuenta el panorama completo de tu compensación desde un punto de vista competitivo, comparativo. No es sólo tu salario básico sino que incluye cosas tales como bonos, comisiones, premios, cuando se prevé un aumento de sueldo y beneficios inusualmente generosos.

Si has recibido comisiones o bonos, puedes indicar tu "compensación total en efectivo". Pista: Echa un vistazo a tu W-2, cuadro 2. Si esto ha variado ampliamente en los últimos años, entonces puedes darles tu "compensación promedio en efectivo" de los últimos años. Quieres representar de manera justa tus ingresos, aunque el año en curso no haya sido el mejor. Además, si has recibido otros beneficios económicos significativos, súmalos a la respuesta. «Además, tengo (o tenía) un coche de la empresa;» o «mi empresa anterior también hacía un aporte excepcional del 10% a mi cuenta 401 (k);» o «la empresa también pagaba todas mis primas médicas y de incapacidad y las de mi familia.» ¿No te gustaría? No necesitas hablar de los beneficios a los empleados que son estándar en la industria o normales para la posición. De hecho, los selectores se molestan cuando los candidatos incluyen tipos de beneficios que parecen inflar la compensación. Si puedes cuantificar el valor económico de los "súper beneficios", entonces podrías pensar en dar esa cifra. Por ejemplo, "mi plan de automóvil valía aproximadamente $14.000 por año además de mi compensación en efectivo."

Situaciones Complicadas

Hay tres circunstancias que pueden ser un poco más complicadas y requieren más sutileza.

En primer lugar, si eres un graduado reciente, obviamente no tienes una cifra "real". Puedes haber sido un servidor, cajero o empleado, y tus ingresos en esos trabajos no son relevantes para tu nueva oportunidad. Cuando te pregunten, «¿Cuánto estabas ganando en tu último trabajo?», diles o recuérdales que te acabas de graduar y estás seguro de que el rango de mercado para la posición será conveniente.

En segundo lugar, en algunas situaciones raras pero reales, quizás hayas ganado mucho más en tu trabajo anterior de lo que esperas que te paguen en el trabajo que estás considerando. Esto podría suceder por varias razones. Podrías haber recibido una bonificación importante durante una reestructuración o adquisición de la empresa. Podrías estar cambiando drásticamente la orientación de tu carrera y estás dispuesto a dar un paso atrás desde el punto de vista de la compensación para reposicionarte en una nueva función. En estas situaciones, podrías tener que darles la cifra pero inmediatamente agregar la advertencia de que estás plenamente consciente de que el trabajo en cuestión no está en ese rango, y que estás totalmente comprometido a hacer el cambio. Tu objetivo en esta situación es convencer al reclutador para que te dé una oportunidad. De lo contrario, el juego se acaba incluso antes de empezar las discusiones.

En tercer lugar, actualmente puedes estar mal pagado en relación con el mercado, por varias razones. Por ejemplo, tu empresa pudo haber congelado los salarios durante un período prolongado por reestructuración, problemas financieros, desinversiones, despidos y restricciones regulatorias. En estos casos, podrías tener que proporcionar tu salario actual pero inmediatamente comentar que sabes que tu compensación está por debajo del valor de mercado para tu trabajo y calificaciones. Debes tener cuidado de no añadir información que de alguna manera sea irrespetuosa de tu actual empresa o de compartir información confidencial.

Filtrar No Es Negociar

Estas primeras discusiones sobre dinero son para ser calificado y permanecer en carrera. Una vez que superaste este obstáculo, se abandonará el tema y no se retomará hasta que estén listos para hacerte una oferta de empleo. Supongamos que superaste el reto y tuviste éxito en el "juego de citas" de las entrevistas, y finalmente han decidido que eres «el elegido». Están enamorados, y tú ganas el premio. Ahora el poder pasa a ti. Hasta este momento, la empresa tenía todo el poder. Eras uno entre varios que estaban evaluando, y en cualquier momento podrían haber elegido a otro. Pero ahora tú eres el elegido. Ahora estás negociando, ya no te están evaluando.

Cualquiera sea la oferta que te hagan, siempre tienes la opción de hacer una contraoferta. Por supuesto, si la oferta supera tus mejores expectativas, querrás decir, "Sí. ¿Cuándo quieren que empiece?" Sin embargo, esto no sucede con tanta frecuencia, así que lo primero que debes hacer es comprar un poco de tiempo para pensar las cosas. Agradéceles por la oferta y di que quieres pensarlo. Siempre sigue vendiéndote, hasta el final. «Estoy emocionado por la oportunidad y estoy seguro de que puedo ser una fuerte ventaja para su equipo.»

No tengas miedo de pedir más dinero. A veces puedes pedir acciones o una prima por firmar el contrato, para compensar algo que estás dejando atrás. ¿Qué tal más días de vacaciones? Si no pueden aumentar el dinero inmediatamente, podrías negociar una evaluación y ajuste de salario a los seis meses. Los paquetes de beneficios estándar como seguros o 401 (k) generalmente no son negociables, así que debes considerar el valor económico total de la oferta. Cuando la empresa acepta tu oferta final, estás bastante seguro de que no perdiste nada.

Al final del día, si te hacen una mala oferta y no están dispuestos a negociar algo que te convenga, siempre puedes rechazarla. Pero ni siquiera tienes esa oportunidad si no superas la primera ronda de selección.

El Papel del Reclutador en las Negociaciones

SABIDURÍA CONVENCIONAL: Aunque estés trabajando con un reclutador ejecutivo externo, es probable que te vaya mejor si negocias tu compensación directamente con el ejecutivo contratante.

NUEVO PENSAMIENTO: Cuando trabajes con un reclutador ejecutivo externo, usa esa relación al máximo para negociar una compensación que termine en una oferta de trabajo.

P. ¿Cuándo es el reclutador tu mejor amigo?

R. En las negociaciones de compensación, cuando todos quieren cerrar el trato.

Una de los papeles clave de un reclutador de búsqueda de ejecutivos —un reclutador a quien se le paga por el reclutamiento independientemente del resultado— es servir como intermediario en la negociación de la compensación y la oferta de trabajo. Cuando trabajas con reclutadores de contingencia, quienes cobran solamente por las colocaciones, algunos asumen el papel de intermediario, y otros simplemente te pasan la oferta de la empresa. En última instancia, negociar tu paquete de compensación en estos casos probablemente te tocará a ti. De todos modos, querrás aprovechar el conocimiento y la experiencia del reclutador de contingencia.

Cuando el reclutador está funcionando como un intermediario eficaz, el objetivo es que la compañía presente una oferta que está segura de que aceptará el candidato elegido. Para un buen candidato, el reclutador puede ser capaz de convencer a la empresa de mejorar su oferta. A un candidato poco realista, puede darle una perspectiva sobre lo que se le ofrece. Las empresas no quieren entablar discusiones frustrantes ni colocarse en una posición donde los miembros del equipo de contratación sin darse cuenta (o a propósito) sabotean las prácticas de empleo de la empresa y crean problemas adicionales. Más importante, detestan que los arrinconen o rechacen después de que invirtieron en su selección.

Los Reclutadores como Mediadores Calificados

La mayoría de los reclutadores de ejecutivos tienen un conocimiento íntimo de la compañía, las personalidades y egos, las sensibilidades, las estructuras de compensación y los requisitos del trabajo. También saben hasta que límite se puede estirar una empresa, han determinado lo que quiere el candidato, y entienden el mercado de talentos similares. Frecuentemente son hábiles mediadores, puesto que han atravesado este proceso con muchos clientes y muchos candidatos a lo largo de los años. El reclutador de ejecutivos proporciona un entorno seguro donde cada parte puede ser abierta acerca de sus intereses. Más a menudo, el reclutador trabaja con la empresa y el candidato, a veces a través de varias rondas de negociación, para crear una solución—con frecuencia mejor que el paquete originalmente previsto de la compañía—y obtener un compromiso de ambas partes. Los reclutadores están motivados para hacer colocaciones exitosas, tanto por su propia reputación como para cerrar la búsqueda. Además, es poco probable que los reclutadores perjudiquen la compensación del candidato, dado que con frecuencia es un factor clave en sus propios honorarios.

Los Riesgos de la Negociación Directa

Si «puentes» al reclutador y tratas de negociar directamente con el representante de la empresa, el gerente o el ejecutivo contratante, puede funcionar. El pequeño detalle es que todos, menos tú y la persona con quien negocias finalmente, no se sienten felices. Y esta infelicidad puede seguirte en formas que no imaginas o posiblemente nunca sepas. El mayor inconveniente es que la empresa tiene un sofisticado proceso de contratación y decida no contratarte después de todo, ya sea porque encuentra inadecuado tu comportamiento (después de todo, contrataron al reclutador en primer lugar porque no quieren que los molestes) o porque el proceso de negociación va mal.

Este es un perfecto ejemplo. Un reclutador encontró un candidato calificado, y la empresa estaba interesada en su contratación. Con el fin de negociar con éxito una oferta, la empresa necesitaba endulzar el trato con fondos adicionales de gastos de reubicación y un pequeño aumento en la remuneración para satisfacer el valor de mercado de una persona de esta calidad. El candidato tenía expectativas poco realistas del paquete de compensación y tenía varias demandas que la empresa no estaba dispuesta a cumplir. El candidato decidió puentear no sólo al reclutador de búsqueda de ejecutivos, sino también al representante de recursos humanos de la empresa, e ir directamente al ejecutivo contratante. El ejecutivo contratante estaba molesto, el representante de recursos humanos se desprestigió y la firma de reclutamiento estaba avergonzada por el comportamiento del candidato. La empresa finalmente bloqueó cualquier negociación futura con o acerca del candidato, y nunca hizo la oferta. La estupidez y arrogancia del candidato le costó el empleo.

Entonces, evalúa el papel del reclutador como mejor puedas y replantea tu estrategia de negociación para que incluya al reclutador y no lo excluya. La mayoría de las veces esto cosechará recompensas.

Maneras Tontas de Gastar Tu Dinero

Sabiduría Convencional: Cualquier cosa que puedas hacer para destacar o acceder a los reclutadores o ejecutivos contratantes, es una inversión que vale la pena.

Nuevo Pensamiento: Piensa cuidadosamente en el retorno de tu inversión. Ten en cuenta el comportamiento del mundo real de tu audiencia y cuidado con los servicios que son más valiosos para el vendedor que tu búsqueda de trabajo.

Como muchas cosas en la vida, cuando estás en medio de una búsqueda de trabajo hay muchas maneras de gastar tu tiempo y dinero que intuitivamente parecen correctas pero que si las investigas, no lo son. Estas son algunas de las maneras tontas de gastar tu dinero en una búsqueda de trabajo.

Carpetas o sobres para el currículo. En el mundo de la búsqueda de trabajo de hoy, las veces en que vas a utilizar un currículo impreso son limitadas. Lo más frecuente es que lo hagas cuando te vas a reunir con alguien en persona—para hacer redes, una entrevista informativa o una entrevista cara a cara. Si necesitas darle a alguien tu currículo discretamente, puedes doblarlo y colocarlo en un sobre estándar. No hemos sabido de alguien que no fue considerado para un trabajo porque su currículo impreso estaba doblado. Piensa en lo que les pasa en la vida real a las costosas carpetas o sobres. Una vez retirado el currículo, inmediatamente se tiran directamente en la papelera. ¿Por qué? Oscurecen el documento y no caben en las carpetas de archivo. Así que si gastas una carpeta o sobres, tu retorno financiero será mejor si compras un billete de lotería.

Tarjetas de vista costosas. Sí, las impresiones son importantes. Tus tarjetas tienen que ser profesionales, reflejar calidad y transmitir tu mensaje. No requieren gráficos ni impresión hechos a medida. Las tarjetas de visita para una búsqueda de trabajo no son tarjetas de visita para un negocio. Son temporales y tácticas. Además, a medida que progreses con tu búsqueda de trabajo, quizá quieras modificar o incluso rediseñar tu tarjeta para reflejarte mejor a ti o al enfoque de tu búsqueda. Si invertiste demasiado en tu tarjeta, limitas mucho tu flexibilidad. Existen varias compañías de Internet que te permiten crear tarjetas de calidad rápidamente utilizando sus plantillas—o personalizándolas—por menos de $25.

Comprar envíos de correos electrónicos. Uno de los servicios más populares de búsqueda de trabajo comercializados por empresas de servicios de carrera es la "explosión de correos electrónicos". Por un precio—generalmente un precio considerable—la empresa enviará un correo electrónico a una lista de contactos. Esta es la forma más atroz de correo no deseado, que casi es spam. Piensa en tu propia experiencia con el correo electrónico. ¿Cuántos correos no deseados lees realmente? ¿Cuántos borras inmediatamente? ¿Cuántos correo se filtran por el cortafuegos de la empresa y sistemas de seguridad? El correo basura tradicional tiene una tasa de retorno que va desde 0,5—2%, dependiendo del probable interés de la lista objetivo. Para el vendedor, este es un gran servicio con grandes márgenes. Te pueden cobrar por correo electrónico o una tarifa plana por una cantidad determinada. En cualquier caso, son fáciles de producir, fáciles de enviar, y rara vez generan los beneficios prometidos.

Garantía de colocación en el empleo. Acabamos de terminar la lectura de lo que inicialmente parecía ser una oferta legítima de una empresa legítima. Por supuesto, una vez que leímos la letra chica nos dimos cuenta de que estábamos equivocadas. En este caso tienes que ser aprobado (no seleccionan a nadie que no sea un buen candidato), el criterio de éxito es una "oferta" de trabajo (¿qué pasa si no quieres ese trabajo?) y tu cumplimiento con el programa (trata de negociar si eras o no un buen participante). En otros casos, permiten continuar en el programa sin costo por otro término fijo o ilimitado. Pero si no tuviste éxito la primera vez, ¿por qué más de lo mismo generaría mejores resultados? En vez de perder tu tiempo y dinero con uno de estos programas, toma el control de tu búsqueda de trabajo y realiza el trabajo para encontrar tu próxima oportunidad. Si necesitas ayuda, hay grupos comunitarios reconocidos a los que puedes unirte sin ningún costo o entrenadores de carrera calificados que pueden guiarte profesionalmente.

Enfoques únicos, ostentosos. Encontrar formas únicas para conectarte con empresas y gerentes contratantes sin duda tiene su lugar en las búsquedas de trabajo y debe explorarse. Por otro lado, algunos ejemplos que son grandes historias para los oradores motivacionales generalmente son éxitos únicos en la vida y con frecuencia tienen un costo significativo. Por ejemplo, pagar el precio por enviar algo inteligente durante la noche a un alto ejecutivo con quien no tienes ninguna relación, es poco probable que genere resultados. Cuando se trata de ser «único», hazlo con cuidado y buen juicio.

En general, querrás hacer todo lo posible para destacarte y mejorar tus posibilidades de encontrar un empleo. Sin embargo, piensa cuidadosamente cuánto te está costando destacarte. Si el servicio es más valioso para el vendedor que para ti o tienes una probabilidad de éxito de una en 1 millón, ten cuidado.

Conclusión

Con tus zapatos para navegar y tus pantalones blancos recién planchados, pisas la cubierta pulida del velero de tu amigo. El viento está soplando agradablemente y el agua salada salpica tu cara cuando zarpan. El sol brillante que se refleja en el agua hace que las blancas velas brillen. ¡Qué emoción!

Sientes la superficie áspera de la cuerda mientras jalas la vela. El barco se inclina profundamente y gime mientras se encamina hacia la línea de meta. Cuando se nubla y baten las olas y luego se disipan, todo lo que sabes sobre navegación se pone a prueba. Tu corazón está palpitando con esfuerzo e ilusión. No hay nada igual.

⚑ ⚑ ⚑

Una extraña historia para un libro de consejos de carrera, ¿no? Piensa en qué se parece la navegación a la búsqueda de trabajo y la gestión de carrera.

Las carreras exitosas implican estrategia, competencia y determinación. Y tus habilidades y capacidades seguramente afectarán el resultado. ¿Llegarás a tu destino? ¿Con cuánta rapidez? ¿Sin problemas? También hay otras personas en la carrera contigo.

El viento entrante crea fricción y resistencia. Puedes dejar que te empuje hacia atrás o puedes aprovechar su poder para darte un fuerte impulso hacia adelante.

Las carreras rara vez se mueven en línea recta. A menudo tienes que zigzaguear para seguir adelante. Con una fuerte y clara visión del punto final, podrás llegar a tu destino con éxito y disfrutar del paseo durante el trayecto.

La vida es impredecible, tanto como el clima. Podemos pensar que podemos predecir lo que nos encontraremos, pero podemos equivocarnos mucho. Las personas más exitosas saben manejar lo inesperado y prosperar en medio de la turbulencia. Prepararte para todas las posibilidades es el primer paso; sin embargo, ser ingenioso y valiente es lo más importante. Nunca se sabe que podrías encontrarte que no habías planeado.

Cuando tu jefe o empresa enreda tu vela, lo que hagas al respecto puede tener efectos potentes y duraderos.

La euforia de la carrera, o incluso simplemente la aventura, es satisfactoria y gratificante. Cada minuto trae nuevas experiencias. Cada ola te levanta y te deja caer. Con una pizca de peligro y riesgo, el viaje es más rico y la llegada a la meta es más dulce.

Nuestras últimas sugerencias son estas:

▶ No creas todos los consejos que te de la gente que te rodea y ni siquiera de los "expertos". Haz tu propio trabajo.

▶ Cuestiona las suposiciones que tú u otras personas hagan acerca de tu situación, en tu trabajo, tu empresa, tu industria, tu función. Un cliente desempleado con gran experiencia bancaria recientemente nos preguntó, «¿es razonable que espere conseguir un trabajo en la banca ya que la industria y la economía están tan mal?» Nuestra respuesta, "Si estuvieras buscando 5.000 puestos de trabajo, eso podría ser problemático, pero sólo necesitas uno. La competencia puede ser difícil, pero todos los días se llenan un montón de puestos de trabajo. «¿Qué va a hacer falta para que seas el mejor candidato para el trabajo que realmente quieres?»

▶ Mantente abierto a nuevas ideas y nuevos enfoques. Lo «comprobado» puede ser anticuado.

▶ Buscar consejos sabios—habla con "expertos en carrera", pero siempre usa tu propio sentido común.

¡Te desafiamos a navegar con gusto y apreciar los altibajos que vienen con el viaje!

Dentro de veinte años te sentirás más decepcionado por las cosas que no hiciste que por las que hiciste. Así que quita las amarras. Aléjate del puerto seguro. Atrapar a los vientos alisios en tus velas. Explora. Sueña. Descubre.

Mark Twain

Acerca de las Autoras

Paula Asinof, Directora y Fundadora
Yellow Brick Path
www.yellowbrickpath.com

Paula Asinof es la fundadora de Yellow Brick Path, una empresa de gestión de carrera, consultoría en liderazgo y de servicios de currículo. Los clientes aprecian su comunicación clara, perspectivas a menudo poco convencionales y la profundidad de su experiencia ejecutiva del "mundo real".

Paula se distingue por su capacidad para identificar, aprovechar y desarrollar el talento. A lo largo de su carrera, ella ha ayudado a clientes, colegas y subordinados, a reconocer sus capacidades únicas y posicionarse como grandes jugadores, abordando una estrategia de carrera, desarrollo de liderazgo, posicionamiento profesional y visibilidad. Ella tiene un entusiasmo contagioso y una apasionada fe en las personas que las inspira a ser más orgullosas, más fuertes y más valiosas colaboradoras en sus organizaciones. También ha liderado iniciativas innovadoras para construir organizaciones de alto rendimiento con la gestión de fortalezas y capacidad de permanencia.

Su experiencia incluye la co-fundación de Coach Academy International, un vanguardista programa de coaching acreditado, diez años de búsqueda y reclutamiento ejecutivo, y la Dirección de un departamento universitario de servicios de carrera.

Anteriormente, ocupó puestos de liderazgo en TI y finanzas en GTE (ahora Verizon), Rand McNally y la Bolsa de Valores del Medio Oeste, después de comenzar su carrera de contador público. Paula tiene un MBA de Wharton School, una maestría de la Universidad de Columbia y una licenciatura de la Universidad Washington en St. Louis. También recibió los prestigiosos nombramientos de Credentialed Career Manager (CCM) (Gestora de Carrera Acreditada) y Master Career Director (MCD) (Maestra Directora de Carrera) y es asociada de Career Thought Leaders (CTL). También es Practicante de PNL, Entrenadora Certificada en PNL, y miembro de la International Coach Federation (ICF). (Federación Internacional de Coaches).

Paula también es coautora del práctico y popular libro *Be Sharp: Tell me About Yourself in Great Introductions and Professional Bios, (Sé Inteligente: Habláme de ti en grandes presentaciones y biografías profesionales)*, disponible en Amazon.com.

Mina Brown, Fundadora y Presidente

Positive Coach LLC
www.positivecoach.com

Mina Brown es una experimentada asesora ejecutiva, consultora de carrera, asesora empresarial y popular oradora. Como ex ejecutiva senior de operaciones y directora financiera, tiene un historial de liderazgo, inusual intuición y sinceridad inquebrantable.

Mina es ampliamente reconocida y buscada por su enfoque de la estrategia personal y empresarial y sus resultados tangibles, medibles. Ella trabaja con ejecutivos de alto nivel, equipos de ejecutivos, gerentes y profesionales de alto potencial en las áreas de liderazgo, influencia, conflicto, efectividad de equipo y gestión de carrera. Ella es particularmente apasionada apoyando a profesionales en todos los niveles que cambian de trabajo o carrera.

Mina es cofundadora de Coach Academy International, un programa de entrenamiento de vanguardia en coaching. Antes de empezar su carrera de coaching, Mina fue director financiero de Aviall & SVP y Gerente General de su división aeroespacial. Anteriormente, ocupó cargos de gerencia corporativa en Ryder System y Amax. Comenzó su carrera en Price Waterhouse.

Mina tiene un MBA de la Universidad de Vanderbilt, un BBA en contabilidad de la Universidad de Kentucky, y es Contadora Pública. También es Coach Certificada, Entrenadora Certificada en PNL, y uno de los primeros miembro de la International Coach Federation (ICF). (Federación Internacional de Coaches). Enseña coaching para directivos y candidatos a certificación en su programa de acreditación de ICF y BCC. Mina es una popular oradora y frecuente invitada en radio y televisión para hablar sobre el tema de carreras y liderazgo.

Mina también es coautora del práctico y popular libro *Be Sharp: Tell me About Yourself in Great Introductions and Professional Bios, (Sé Listo: Habláme de ti en grandes presentaciones y biografías profesionales)*, disponible en Amazon.com.

Sé Listo: «Háblame de ti» en Grandes Presentaciones y Biografías Profesionales

por Paula Asinof y Mina Brown

Ediciones en rústica y Kindle disponibles en Amazon
Promedio de valoración * * * * *

El libro anterior de las autoras, *Sé Listo: «Háblame de ti» en Grandes Presentaciones y Biografías Profesionales* sigue recibiendo elogiosos comentarios. Es una lectura obligada para cualquiera que necesite presentarse adecuadamente—en una entrevista, en redes, en ventas y tantas otras situaciones de negocios.

Resumen del libro

Los negocios hoy en día se mueven rápido. Y son implacables. Cuando tienes la oportunidad de conocer a alguien o presentarte por primera vez, creas una impresión tan duradera, buena o mala, que es difícil y quizás imposible de cambiar. Pocas personas tienen tanta personalidad y confianza en sí mismas que pueden hacer una presentación personal impecable sin preparación ni pensamiento.

Sé Inteligente te ayuda a contestar la perpetua pregunta "Háblame de ti" con dinamismo y profesionalismo. Los lectores que sigan las pautas obtendrán:

▶ Una breve presentación atractiva y memorable
▶ Confianza para presentarse sin problemas en cualquier lugar
▶ Redescubrimiento y validación de sus capacidades y talentos únicos
▶ Presentaciones bien pensadas para reuniones con clientes, eventos de red o entrevistas
▶ Biografía profesional impresionante, de alto impacto que obtiene resultados
▶ Conocimientos para adaptar su biografía a casi cualquier situación
▶ Un proceso fácil, bien pulido para el futuro

Una vez que tienes una presentación sólida y tu biografía básica, hay numerosas formas de usarlas: trabajo de búsqueda, propuestas de negocios, materiales de marketing, sitios web, servicio empresarial y conferencias, para nombrar unos pocos. Además, nuestro mundo de comunicación electrónica exige que prestes atención a tu presencia en el ciberespacio. Este libro aborda todas estas áreas.

Comentarios Elogiosos
Sobre Sé Listo…

«¡El mejor libro sobre biografías y presentaciones!» Soy estratega en carrera y marca personal y me han pedido que escriba Marca Personal para Bobos. Han estado utilizando **SÉ LISTO** con mis clientes durante el último par de años y me encanta. También se los he recomendado a todos los entrenadores que tienen compromisos corporativos. Daré a conocer algunos de los materiales en mi libro.»

Susan Chritton, autora de
Personal Branding for Dummies (Marca personal para Bobos)

«**SÉ LISTO** es un recurso excelente para responder a esa importante pregunta, "Háblame de ti". Mina Brown y Paula Asinof ofrecen el enfoque perfecto para que tú, como profesional, te prepares para las entrevistas de trabajo, discusiones de carrera, redes internas, cenas y todos los otros eventos que construyen tu carrera y enriquecen tu vida. Es una gran lectura y podría cambiar tu vida.»

Susan Bixler, Presidente/CEO de Bixler Consulting Group y
autora de seis libros sobre liderazgo, incluyendo
5 Steps to Professional Presence (5 Pasos para la Presencia Profesional)

«**SÉ LISTO** es un gran libro práctico. Es un recurso excelente para jóvenes profesionales y ejecutivos de nivel medio. En particular, sería valioso para aquellos que han estado en una sola compañía por varios años o quienes no han navegado el mercado de la búsqueda de trabajo recientemente.»

Judy Stubbs, Ex socia, Heidrick & Struggles,
una de las mejores empresas del mundo de búsqueda de ejecutivos,
y ex vicepresidente principal de RH de Mary Kay Cosmetics

«Como alguien que ha sido entrenador y asesor de directivos y profesionales durante veinte años, estoy encantado de recomendar este libro muy práctico y relevante. Es el primer libro que me he topado dedicado a la crítica habilidad de presentarse adecuada, positiva y memorablemente, tanto verbalmente como por escrito. **SÉ LISTO** debe estar en la biblioteca de todos los asesores de carrera y debería ser lectura obligatoria para cualquier persona interesada en progresar en su carrera, ya sea en transición, buscando una promoción o ansiosa por hacer la próxima venta.»

Mark Schor, Ph.D. LPC, Vice Presidente Senior,
Executive Services, Right Management

«Este libro nos recuerda «ocuparnos de lo básico» para lograr una diferenciación competitiva. Como nos presentamos, especialmente en estos tiempos difíciles, sin duda marcará la diferencia. Esto puede ser tan simple como presentamos, nuestra «plática de elevador», nuestra biografía de una página… ¡estas harán la diferencia en el mar de hoy de personas desempleadas o de gran potencial para alcanzar la grandeza! Vale la pena la lectura—un simple, pero increíblemente poderoso libro lleno de pepitas de oro.»

Kristin Kaufman, Presidente, Alignment, Inc., y autora de *Is This Seat Taken?*
(¿Está ocupado este asiento?) Random Encounters That Change Your Life
(Encuentros al azar que cambian tu vida)

«Muchos autores aconsejan a la gente que cree su "marca", pero pocos te dan detallados consejos sobre cómo abordar la tarea. Este es el libro que te ayudará a obtener resultados de tus actividades de redes y marketing personal. **SÉ LISTO** te da el «por qué» y el «cómo» de la creación de sitios web, biografías y presentaciones personales impactantes. Como experimentadas asesoras de ejecutivos, las autoras también conocen el valor de producir una declaración personal como medio para ayudarte a definir tu identidad profesional y «vender» la identidad que quieres que los demás reconozcan.»

Nancy Jagmin, Presidente, Jagmin Consulting Group y
ex Vice Presidente de Organizational Capability, Frito-Lay

«En **SÉ LISTO**, Mina y Paula dan en el clavo. Debes establecer tu valor y dar una primera impresión sólida. En el mundo de la búsqueda de ejecutivos, continuamente nos topamos con candidatos que no hacen una buena primera impresión y es una breve entrevista. Si sigues su metodología sensata, aprenderás a identificar y articular tu valor y a hacer esa importante primera impresión positiva.»

Phil Resch, Socio, Sandhurst Group

«Leer este libro fue como tener una gran conversación con Mina y Paula. Me hizo querer bajar el libro y actuar de inmediato.»

Jeff Crilley, Periodista ganador del Emmy y autor de *Free Publicity (Publicidad gratis)*

«En **SÉ LISTO**, Paula Asinof y Mina Brown te dan la solución completa para el desafío crucial de crear primeras impresiones poderosas y positivas. En el ritmo veloz de los negocios de hoy, esa primera impresión es muy a menudo tu única chance de establecer relaciones ganadoras y aprovechar las mejores oportunidades. Sin embargo, los secretos para crear y entregar presentaciones dinámicas personales nunca se habían enseñado adecuadamente—¡hasta ahora! Este libro claro y poderoso hará más que disparar tu carrera. Elevará tu confianza y tranquilidad en los momentos cruciales que marcan la mayor diferencia en tu vida.»

Brian Biro, America's Breakthrough Coach

«En **SÉ LISTO**, las autoras nos han dado las herramientas más ingeniosas que he visto para crear los materiales de marketing personal que necesitamos en todos los aspectos de los negocios. Este proceso único, eficaz y eficiente te lleva en un viaje personal en el que redescubres y te vuelves a conectar con tus más valiosos talentos y habilidades. En unas pocas horas, he podido comunicar mi valor en el mercado con autenticidad y entusiasmo.»

Courtney Q. Shore, SVP, Comunicaciones y Marketing

«**SÉ LISTO** convierte una desalentadora tarea en un proceso paso a paso fácil de seguir que produce una presentación clara y concisa para dar una excelente primera impresión.»

Mike Johanns, Ex Vice Presidente, Cadena de suministro en Dell

«Nunca vi algo como esto en uno en su lugar. ¡Esto es muy bueno! **SÉ LISTO** ofrece una fórmula concisa para ayudar a cualquier profesional a dar a conocer al mundo quién es y lo que aporta en una variedad de circunstancias diferentes. Si estás buscando aventajar a la competencia—podría ser tu solución.»

Chip Lambert, Presidente, Network 2 Networth, Business Development for the Serious Entrepreneur (Desarrollo de negocios para el empresario serio)

«El libro es brillante y concisamente escrito con información precisa, legible y con ejemplos interesantes. La capacidad de las autoras para guiar el pensamiento estructurado se traduce maravillosamente para capturar la esencia del talento de un individuo en una magnífica biografía orientada al mercado adecuado.»

Mary Spilman, Socio Director, Spilman & Associates, Inc., Consultores de Búsqueda de Ejecutivos

«Excelentes y atinados consejos de personas que dan asesoría profesional sobresaliente a los solicitantes de empleo, sobre un tema en que todos deberíamos ser expertos—nosotros mismos. Ni se te ocurra conocer a nadie nuevo antes de leer este libro de cabo a rabo.»

Steve Purello, Ex Presidente, Workstream, Inc., empresa matriz de 6FigureJobs.com y Allen And Associates

www.ingramcontent.com/pod-product-compliance
Lightning Source LLC
Chambersburg PA
CBHW080238180526
45167CB00006B/2332